# 21 dias para ter um casamento maravilhoso

Kathi Lipp

# 21 dias para ter um casamento maravilhoso

## Como se tornar a melhor esposa do mundo em três semanas

Tradução
Lena Aranha

Thomas Nelson
Brasil®

Rio de Janeiro, 2015

Título original: *The Husband Project*

Publicado por Harvest House Publishers
Eugene, Oregon 97402
www.harvesthousepublishers.com


As citações bíblicas são da Nova Versão Internacional (NVI), da Biblica, Inc., a menos que seja especificada outra versão da Bíblia Sagrada.

| | |
|---|---|
| **Publisher** | Omar de Souza |
| **Editores** | Aldo Menezes e Samuel Coto |
| **Produção** | Thalita Ramalho |
| **Produção editorial** | Daniel Borges do Nascimento |
| **Tradução** | Lena Aranha |
| **Revisão de tradução** | Luiz Antônio Werneck Maia |
| **Revisão** | Jaciara Lima |
| **Capa** | Júlio Moreira |
| **Projeto gráfico e diagramação** | Julio Fado |

CIP-BRASIL. CATALOGAÇÃO-NA-FONTE
SINDICATO NACIONAL DOS EDITORES DE LIVROS, RJ

L741v

Lipp, Kathi, 1967-

21 dias para ter um casamento maravilhoso : como se tornar a melhor esposa do mundo em três semanas / Kathi Lipp ; tradução Lena Aranha. - 1. ed. - Rio de Janeiro : Thomas Nelson Brasil, 2015.

256 p. : il.

Tradução de: The husband project
ISBN 978.85.7860.656-5

1. Casamento. 2. Deus. 3. Vida cristã. 4. Técnicas de autoajuda. I. Título.

CDD: 231
CDU: 231

Thomas Nelson Brasil é uma marca licenciada à Vida Melhor Editora S.A.

Rua Nova Jerusalém, 345 – Bonsucesso
Rio de Janeiro – RJ – CEP 21402-325
Tel.: (21) 3882-8200 – Fax: (21) 3882-8212 / 3882-8313
www.thomasnelson.com.br

*Este livro é total e completamente dedicado ao meu marido, Roger Lipp. Se não fosse pelo discernimento que ele demonstrou quando me disse: "Acho que você precisa entregar a Deus essa coisa de palestrar e escrever e ver o que ele faz com isso", nada disso teria acontecido.*

*Ainda hoje, ao longo do meu dia, me pego pensando em como é incrível estar casada com você.*

# Sumário

Lançando a pedra fundamental

# A preparação para o projeto *21 dias para ter um casamento maravilhoso*

1

# Por que realizar este projeto?

— Kathi, algumas de nós precisam abandonar o projeto.

Mal podia acreditar no que Angela acabara de dizer. Abandonar o projeto? Tínhamos começado naquele mesmo fim de semana.

— Angela, você está brincando comigo? Por que você já quer abandonar o projeto?

— Eu estava conversando com algumas das outras garotas, e graças ao fato de estarmos sendo muito legais com eles, nossos maridos estão ficando desconfiados. Eles acham que todas estamos tendo um caso extraconjugal

Aparentemente, há uma necessidade ainda maior para o projeto do que eu poderia imaginar.

> Nossos maridos estão ficando desconfiados. Eles acham que todas estamos tendo um caso extraconjugal.

## O início do projeto

Em minha igreja cheia de atividades, em San Jose, sirvo em uma variedade de funções. Entre elas ajudo na equipe de programação da qual meu marido, Roger, que é o diretor do Ministério de Adoração com Artes, faz parte, conduzo estudos bíblicos e pequenos grupos e preparo refeições para os doentes ou para as mães de recém-nascidos. No entanto, meu papel favorito é sem a menor sombra de dúvida o de mentora de mulheres.

As mulheres das quais sou mentora são inteligentes, divertidas e comprometidas em servir a Deus. São de fato surpreendentes. Contudo, como a maioria das esposas que conheço, têm uma tendência a "compartilhar" assuntos sobre os maridos.

— Ele nunca está em casa. Parece que sou solteira — mas com uma pessoa de quem tenho que cuidar.

— Por que quando ele está olhando nossos filhos é *serviço de babá*?

— Costumávamos ser românticos, mas agora nossa ideia de romance é pegar o menu e lê-lo juntos.

Esse tipo de "compartilhar" começou a me preocupar. Não estava julgando essas mulheres, não mesmo. Percebia que, de vez em quando, acabava me inserindo na conversa para dizer algo "agradável" sobre meu marido enquanto fazia um ar de apaixonada.

## A mudança de perspectiva

Conheço a importância de amar e honrar meu marido e aprendi isso, como qualquer outra lição em minha vida, da maneira mais difícil. (Por que será que não consigo aprender sobre a vida enquanto como chocolate e faço compras?)

Casei-me com vinte e poucos anos e tive dois bebês logo depois de fazer meus votos matrimoniais. Olhando em retrospectiva, consigo ver que logo passei a me concentrar mais nos cuidados diários com os meus filhos do que em meu marido. Com um trabalho de tempo integral, o objetivo de fazer o meu marido se sentir especial caiu em minha lista de prioridades.

Após um casamento difícil e um divórcio, casei-me de novo com um camarada incrível. Quando os novos amigos o conhecem, dizem: "Ah, então esse é o príncipe encantado!"

Ele é um pai e padrasto maravilhoso, me ama e ama a Deus e aceita minha paixão por iogurte de coco sem gordura, algo que consumo com regularidade. Realmente não poderia pedir um homem melhor que ele.

E, no entanto, como chinelos confortáveis, ele é acessível e útil sempre que preciso. Ele está sempre lá — não exigindo nada de mim. Prepara sua própria refeição quando estou muito ocupada para cozinhar e até mesmo lava as meias em casos de emergência. Quando os prazos do trabalho se assomam, e as crianças têm dezenas de atividades, algumas vezes permito que meu relacionamento com Roger caia para o sexto ou sétimo lugar na lista do: "Ei, preste atenção em mim!"

Você já notou que nossa cultura tem a expectativa de mão única, ou seja, que o marido deva dar à esposa o que ela "precisa" (enviar flores para o trabalho, fazer sua parte no serviço sujo da casa, ser um grande pai, lembrar-se de datas importantes e celebrá-las) sem pedir nada em troca? No entanto, como você sabe, esse homem dos sonhos não é o marido real; não passa de um personagem de uma novelinha barata.

O tipo de casamento que quero é aquele em que nós dois fazemos tudo que estiver ao nosso alcance para honrar e amar um ao outro.

O tipo de casamento que quero é aquele em que nós dois fazemos tudo que estiver ao nosso alcance para honrar e amar um ao outro, pondo as necessidades do outro acima das nossas. Filipenses 2:3-4 afirma isso de forma esplêndida:

> Nada façam por ambição egoísta ou por vaidade, mas humildemente considerem os outros superiores a si mesmos. Cada um cuide, não somente dos seus interesses, mas também dos interesses dos outros.

Quero isso para nós dois. A realidade, no entanto, é que tenho controle apenas sobre minhas ações.

## Participe do projeto

Já tentei várias ideias com algumas de minhas amigas na igreja — uma variedade de "programas de encorajamento para os maridos". A maioria deles exigiam muito trabalho e não eram divertidos. Veja bem, eu tenho a atenção de um aluno de terceira série que acabou de passar seis horas seguidas jogando video game. Então eu precisava de algo breve, factível e empolgante. Nós, esposas e mães superestressadas e com excesso de trabalho, não precisamos nos sentir sobrecarregadas por outro item em nossa lista de afazeres.

Assim, comecei a pensar e a orar sobre o que de fato faria com que meu marido se sentisse amado... e talvez até mesmo se sentisse um homem de sorte por ter se casado comigo. Fiz uma lista e comecei a praticar com Roger. Algumas das ideias (desde a compra de um cartão de presente para ele até uma refeição em seu restaurante favorito e uma data de comemoração espontânea) fizeram o maior sucesso. Outras (como descobrir dicas misteriosas sobre uma aventura de um dia inteiro) não foram, digamos, nem um pouco bem-sucedidas.

Após várias bolas fora (ei, achei que os rapazes, quando estivessem no trabalho, achariam adorável encontrar o pacote com a marmita coberto de corações), acabei ficando desesperada. Perguntei ao Roger: "Tudo bem, o que o faz se sentir amado?" E, você acertou em cheio, senti-me em uma situação muito patética por fazer essa pergunta. Após mostrar a ele uma lista, ele apontou aquelas atividades que gostou e as que não gostou. Agora tinha um plano muito mais claro pelo qual me orientar. Bem, bolachinhas no formato de coelhinho não eram necessárias. Contudo, massa crua e feita em casa para os biscoitos recebeu muita aprovação. Isso mesmo, fiz as perguntas. Entrara em um terreno no qual as mulheres temem entrar. Estava de posse do conhecimento do que os homens (pelo menos, meu homem) gostam.

E foi assim que nasceu o projeto *21 dias para ter um casamento maravilhoso*.

A premissa é simples: você e duas outras amigas (suas parceiras de prestação de contas) comprometem-se em abençoar o marido todos os dias por três semanas e devem fazer isso em segredo.

É isso aí. Muitíssimo simples e garantido. Todavia, nem sempre fácil.

## Nada de mesmice no casamento

Enquanto trabalhava nos projetos, conversei com amigas de todas as idades e cujo estado civil era o mais variado possível. Algumas dessas pessoas estavam no estágio "ai, que romântico!" do casamento. Aquele em que você fica embevecida com a forma como ele se barbeia. Enquanto recolhe as roupas espalhadas pelo chão não consegue deixar de sorrir, achando adorável o fato de que ele sempre deixa tudo fora de lugar.

No outro lado desse espectro, tenho amigas que não suportam estar no mesmo recinto que o marido enquanto eles estão respirando. O fato de ele "inspirar-expirar" é o suficiente para deixá-las irritadas a ponto de querer alugar um lugar só para elas.

E daí tem os outros 94% de nós.

Somos aquelas que amam o marido, mas seguimos uma rotina confortável (*confortável,* em geral, com o sentido de *não me amole que não amolo você*). Somos parceiros na educação dos filhos e contribuímos com as finanças da casa. Negociamos os afazeres domésticos ("Lavo a louça, se levar o carro para o mecânico") e lembramos um ao outro sobre as consultas com o dentista e as ocasionais trocas de óleo do carro.

Gostamos de nosso marido, na maioria das vezes. E eles também gostam de nós dessa forma. Se por um lado isso é bom, definitivamente não é o que esperávamos quando planejamos nosso casamento e sonhamos com nossa vida felizes-para-sempre.

Tenho de admitir, escrevo este livro para mim e para minhas amigas — os 94% de mulheres que querem um relacionamento melhor com o marido e que estão dispostas a ser criativas, atenciosas e possivelmente ousadas com roupas íntimas extremamente sensuais para conseguir esse objetivo.

### "Mas ele nem nota nada!"

Algumas mulheres que já experimentaram alguns projetos por alguns dias perguntam se esse esforço realmente vale a pena. Após seguirem vários projetos, elas se queixam de que seus maridos quase não notam nada.

Portanto, se você está usando aqueles jeans sensacionais para se encontrar com seu marido à noite, está deixando pacotinhos de balinhas e docinhos para ele no carro e está usando roupas íntimas cada vez mais ínfimas todas as noites, e o resultado é não conseguir que ele faça um comentário sequer, não se sinta desencorajada.

Trabalhar com este projeto é muito semelhante ao trabalho na sua vida de oração. Recentemente, comprometi-me a separar diariamente algum tempo para orar. Como estou dedicando mais tempo para orar e meditar, percebo que meus pedidos estão menos relacionados a querer que Deus faça as coisas acontecerem da minha forma e mais com pedir a Deus para mudar meu coração para segui-lo e a *seus* planos para minha vida.

O projeto *21 dias para ter um casamento maravilhoso* abrange tanto a mudança de *nossa* atitude quanto o abençoarmos nossos maridos. É ótimo para receber reforço positivo, e quando isso acontecer, tome nota para que possa se lembrar dele e ajustar a forma como vai demonstrar seu amor no futuro. No entanto, mesmo quando seu marido não diz nada, você sabe que agiu de forma proativa para demonstrar a ele seu amor e apoio. Essa é a verdadeira dádiva deste projeto.

> O projeto *21 dias para ter um casamento maravilhoso* abrange tanto a mudança de nossa atitude quanto o abençoarmos nossos maridos.

E se você ainda precisa de alguma afirmação (e quem não precisa disso?), busque-a em outros lugares saudáveis. No meu caso, tenho uma amiga, Lynn, que me envia um pequeno presente toda vez que completo um objetivo em minha atividade de escrever. Mesmo se eu não vender um artigo, ainda assim tenho a esperança de receber adesivos do Snoopy pelo correio.

Peça para suas parceiras de prestação de contas celebrarem seus sucessos com você. Talvez, se cada uma fizer seu projeto diário por sete dias, vocês trocam um vale presente; ou se completarem os 21 dias, passam uma tarde toda em um *spa.* Seja criativa. Conforme Hebreus 10:24 afirma: "Consideremos uns aos outros para nos incentivarmos ao amor e às boas obras." Um *cappuccino* grande pode ser uma forma maravilhosa de começar.

No próximo capítulo, caminharei com você ao longo de um guia passo a passo para o lançamento de seu próprio projeto.

2

# Um guia rápido sobre o projeto

O PROPÓSITO DESTE PROJETO é você passar 21 dias amando e apoiando seu marido, e ter de fato o propósito de fazer isso. Lembre-se, isso é um segredo. Esconda o livro no trabalho, no carro, em qualquer lugar onde seu marido não tenha acesso.

Eis aqui o guia passo a passo para levar a cabo todo o projeto.

**1. Leia cada um dos projetos.**

Essa é sua chance de ter uma ideia de todos os 21 projetos. Certifique-se de que vai usar todo o livro. Faça anotações nas margens, marque algumas partes e rabisque as folhas enquanto pensa em formas de ajustar cada um dos projetos para seu marido.

**2. Encontre outras duas amigas que queiram fazer o projeto e para quem você prestará conta do andamento de seu projeto.**

Não interessa se são amigas com as quais entra em contato por telefone, via internet ou face a face, com as quais você se encontra em um café perto de sua casa. O local não é importante; a consistência é. Planejem um horário para se encontrarem (depois de todas terem lido o livro) para traçar um plano quanto ao momento e à forma como vai fazer seu projeto.

**3. Assine o *Acordo de prestação de contas* do projeto.** (Veja a página 42.)

**4. Decida a data em que dará início ao projeto.**

Pode ser amanhã ou daqui a duas semanas. Marque de forma muito visível no calendário que você tem na cozinha. Crie lembretes no seu computador. Recomendo que você separe alguns dias para se imbuir dessa tarefa e traçar um plano de ação que a deixe empolgada — um plano que você sabe que vai abençoar seu marido.

**5. Examine os projetos e apresente seus planos personalizados.**

*Você* decide como vai abençoar seu marido a cada dia. Apresento uma variedade de ideias, mas é você quem decide como vai levar a cabo seu projeto. Seja criativa e invente uma maneira nova e maravilhosa para seu marido ser surpreendido e ficar encantado.

Escreva de antemão o que você vai fazer a cada dia no espaço fornecido no fim de cada projeto. Depois copie o plano referente àquele dia específico do *Planejamento do projeto* no final deste livro.

Seja criativa e invente uma maneira nova e maravilhosa para seu marido ser surpreendido e ficar encantado.

Recentemente, perdi muito peso. Um dos elementos para conseguir esse feito (além de deixar de lado o chocolate) foi escrever o que ia comer, em vez de manter um registro do que já havia comido. Ponha seu propósito e plano para funcionar. Essa é a forma como você vai experimentar os resultados vencedores.

À medida que você lê os projetos, começará a notar um tema se desenvolvendo. Muitos projetos são centrados em volta de certos tópicos: alimentação, encorajamento, aparência e atitudes de serviço. Prometo que esse não é um caso em que só esgoto todas as ideias. Esses foram os tipos de projetos nos quais as mulheres que realizaram este projeto obtiveram os melhores resultados.

Faça seu melhor para completar cada projeto a cada dia e veja se você não concorda que esses projetos são alguns daqueles que mais vão abençoar seu marido.

Você também precisa fazer alguns planos específicos ao longo dessa jornada. Você vai precisar de uma babá em alguma dessas noites? Telefone agora para a pessoa que vai tomar conta das crianças. Vai precisar de algum doce especial que só consegue comprar pela internet e precisa pedir agora para seu projeto do sábado à noite? Peça-o de antemão para que você já tenha tudo à mão na hora certa.

### 6. Compartilhe seus projetos com suas parceiras de prestação de contas.

Recomendo que você faça cópias das páginas para seu planejamento a fim de compartilhá-lo com suas amigas de prestação de contas. (Há um planejamento para o projeto na seção *Ferramentas para o projeto* 21 dias para ter um casamento maravilhoso, no final do livro.) Dessa forma, você podem se comprometer a orar umas pelas outras, além de dar apoio nos dias que vão ser especialmente desafiadores. Quem sabe suas amigas de compartilhamento não vão compartilhar com você ideias criativas e maravilhosas.

### 7. Seja flexível.

Se um dos projetos não se ajustar com os horários de seu marido, mude-o para outro dia. Se ele não for ligado em comida, descubra outra maneira de paparicar seu marido. Esse projeto diz respeito a fazer conexão com ele. A intenção do projeto não é deixar você maluca, mas descobrir novas formas para abençoar e apoiar seu marido. Apenas faça *alguma coisa*, de maneira intencional, todos os dias.

# 3

# Por que 21 dias?

— JILL, TENHO DE SER HONESTA COM VOCÊ. Odeio essa ideia. E, por extensão, estou começando a odiar você também. Espero que perceba que não é nada pessoal.

Jill compreendeu, mas ela não me concederia o cartão "Evite se exercitar" que eu estava procurando.

— Kathi, tente por três semanas. Prometo que, se persistir nessa atividade, não vai parecer que você está indo para a guilhotina todos os dias.

Quando tinha meus vinte e poucos anos, tive a oportunidade de fazer trabalho missionário por um breve período no Japão. Enquanto algumas de minhas amigas estavam labutando nas planícies africanas, cavando poços e ajudando os moradores de aldeias remotas a dar início a algum empreendimento comercial, decidi seguir um esquema mais suave, nada parecido com a aventura do *reality show* intitulado *Survivor*, e escolhi ensinar conversação em inglês em salas de aula com ar-condicionado próximo a Kyoto. (Ei, todas nós temos nosso limite quanto ao grau de dificuldade a ser enfrentado. O meu era viver a dois trens de distância de um McDonald's.)

Depois da primeira semana, percebi que tinha um grande problema. Quando estava nos Estados Unidos, podia lançar mão da minha moto laranja fosforescente para percorrer os dois quarteirões e meio até o mercadinho. Caminhar era algo destinado aos perdedores que não tinham carros. No entanto, no Japão, meu principal meio de transporte estava relacionado ao poder do pedal. Tinha uma bicicleta cor-de-rosa (com campainha e cesta) que usava para ir a todos os locais. O problema era que depois de alguns quarteirões, eu ficava não só sem fôlego, mas também extremamente cansada. Essa atividade, além do fato de que morava no quarto andar de um prédio sem elevador, serviu para me mostrar muito bem quais dos meus músculos não eram usados havia algum tempo. Sabia que deveria melhorar minha condição física, se fosse para sobreviver um ano no exterior.

Uma de minhas colegas de trabalho expatriadas, Jill, era sem sombra de dúvida a rainha da aeróbica em Kyoto. Também era uma dessas pessoas chatas que não conseguem imaginar o dia sem um suco de cenoura com broto de trigo e um "breve" exercício físico de 45 minutos.

Ninguém gostava dela.

Tudo bem, talvez esteja fazendo uma leve projeção. Havia muitas pessoas que amavam a Jill. Eu não era uma delas quando ela discorria de forma poética sobre o número de calorias queimadas com os exercícios abdominais.

Um dia, após ter lhe confidenciado abertamente minha batalha para me locomover pela cidade, "Jill Polichinelo" prometeu-me que conseguiria me fazer ficar em forma em dois tempos.

Jill aparecia todos os dias no meu apartamento com um vídeo de exercícios da Jane Fonda e um sorriso. Depois dos dois primeiros exercícios, queria desesperadamente parar com aquela atividade física. Passei as duas semanas seguintes tentando inventar uma desculpa para fugir daquele período de vida saudável.

— Estou cansada.

— Estou com cólica.

— Estou preocupada com meus vizinhos do andar debaixo, devem estar pensando que esse é um abalo secundário, aquele depois do grande terremoto.

— Não sei como esse martelo ficou emperrado no videocassete.

> "Motivação é o que faz você dar início a uma atividade. O hábito é o que faz com que você continue."
>
> — Jim Ryun, ex-recordista mundial da corrida de uma milha.

Não importava o que eu dissesse, Jill era persistente. Ela já tinha o hábito de se exercitar todos os dias, isso já fazia parte de sua vida. Agora, ela tentava me doutrinar em seu pequeno plano enjoado.

No início da terceira semana, passei da atitude de hostilidade aparente para a de resignação rabugenta. Não ficava muito empolgada em ver Jill à porta todas as manhãs, mas achei que era mais fácil tirar o exercício do caminho do que quebrar o videocassete.

Bem, e aí acontece algo estranho...

Jill, depois de um mês, teve de ir para Tóquio para algum treinamento relacionado a seu trabalho. Pensei: "Ai, obrigada, meu Deus. Eu preciso de um dia de folga de tudo isso! Vou poder dormir, ler um livro. Não vou ter que pular por aí feito uma tola..." Ansiava pelo meu dia de folga como se fosse o dia antes da superliquidação na minha loja preferida.

Quando aquela terça-feira gloriosa chegou, acordei e me senti estranha e desorientada. Estava perdida, só arrumando meu apartamento, sem saber o que fazer, completamente mal-humorada. E daí entendi o que estava acontecendo.

Eu estava sentindo falta do exercício físico.

Mal podia acreditar no que estava acontecendo. Jill conseguira me levar para o lado negro. Após apenas algumas semanas, o hábito do exercício criou raízes em meu ser a ponto de não mais considerar isso um fardo, mas realmente sentir falta das atividades físicas.

Você pode começar todo o projeto cheia de expectativa.

— Meu marido não vai saber o que o atingiu! Vou cobri-lo com todo amor e afeição com que ele puder lidar. Jantares sofisticados, muitos mimos, e todos os elogios que puder imaginar.

Daí você chega ao projeto 3 — e já está cansada de tudo isso.

— Não tenho tempo para preparar todas essas coisas legais. Será que você não sabe que tenho uma vida além de meu casamento?

— Estou cansada.

— Estou com cólica.

— Não temos dinheiro.

— Quando ele começar a ter atitudes legais comigo, também vou começar ser legal com ele.

É por essa razão que é tão importante se comprometer desde o início com os 21 dias.

Uma professora de ginástica me disse vez após outra que são necessários 21 dias para estruturar um hábito ou para acabar completamente com ele.

> "Ainda não estamos no ponto aonde queremos chegar, mas já não estamos mais onde estávamos."
>
> — Natasha Jasefowitz

Acredito que a construção de bons hábitos para encorajar nossos maridos significa pôr nosso relacionamento no "status de projeto". Depois de 21 dias, a maioria das mulheres fica tão em sintonia com as maneiras de amar o marido *com propósito* que passa a ser natural agir todos os dias dessa maneira.

Um aspecto disso tudo é abrir mão de nossa ideia de que se não fizermos um dia do projeto, a coisa toda passa a ser um fracasso. Conheço muito bem essa atitude — costumo ser um tipo de mulher para quem é tudo ou nada, talvez muito parecida com você.

Se você não fizer um dia, não se martirize. Basta recomeçar e seguir em frente. Talvez leve sessenta dias para você completar um projeto de 21 dias. Tudo bem. Prossiga.

> O SENHOR firma os passos de um homem,
> quando a conduta deste o agrada;
> ainda que tropece, não cairá,
> pois o SENHOR o toma pela mão.
>
> Salmos 37:23-24

Esses 21 dias são apenas o ponto de partida. Com este projeto, você tem uma estrutura para trabalhar e um objetivo a alcançar. O propósito dos 21 dias não é marcar o projeto como feito e se esquecer dele, mas, antes, é treinar nossa mente a pensar em nossos maridos e levar em consideração suas necessidades diárias.

# 4

# Eu tenho um segredo... e você também deve ter o seu

Deixe-me ser honesta com você... contar para seu marido sobre o projeto é um grande equívoco.

Isso, para você, pode parecer contrário à intuição. Talvez seu marido saiba tudo o que acontece com você. Vocês contam tudo um para o outro. Telefonam nos intervalos do trabalho e contam todos os detalhes do dia. Ele sabe que iogurte você tomou à tarde, exatamente às 15h.

Maravilhoso. Ainda assim, não conte para ele.

Em geral, jamais aconselharia qualquer mulher a guardar um segredo e não contá-lo para o marido. Essa atitude representa uma péssima administração do casamento. Além disso, ela sempre acaba por causar problemas para você. Você consegue esconder aquelas compras no fundo do armário apenas por algum tempo. As contas do cartão de crédito, por fim, vão chegar pelo correio.

Contudo, talvez eu seja muito ousada a ponto de sugerir o seguinte: será que o projeto merece um comportamento especial em seu relacionamento franco e do tipo contamos tudo um para o outro? Talvez você queira abraçar um estilo de comunicação mais reservada do tipo "Não pergunte; não conte nada", e só para *o período do projeto*, é claro.

Considere essa situação similar: cheguei a uma idade especial este ano. Meu marido sabia que isso era importante para mim e que eu queria celebrar essa data em grande estilo. Assim, ele conspirou com minhas melhores e mais criativas amigas por cerca de cinco semanas para fazer uma festa surpresa para mim. Eu meio que sabia que algo estava acontecendo, mas fiquei empolgadíssima quando entrei na casa de minha amiga Mary e me deparei com 20 amigos e amigas berrando:

— *Surpresa!*

Isso mesmo, Roger guardou um segredo e não o compartilhou comigo. Se eu fiquei furiosa? Se me senti traída por ele não ter me contado algo que estava acontecendo? É claro que não! Meus pensamentos jamais foram nessa direção: "Como você pôde fazer isso comigo? Sempre contamos tudo um para o outro!"

Senti-me tão amada e mimada por ele ter separado um tempo e energia para preparar aquela festa. Ele administrou cada detalhe, desde para que o prato fosse minha pizza favorita, a *margherita*, prontinha, esperando por mim quando cheguei lá. Senti-me muitíssimo abençoada, apreciada e honrada.

"Três pessoas podem guardar um segredo, se duas delas estiverem mortas."

— Benjamim Franklin, *Poor Richard's Almanack*, julho de 1735.

Por eu saber que ele dedicou tanto tempo e planejamento para essa festa a fim de que eu me sentisse especial, lembro-me dela como um dos melhores dias da minha vida.

E o mesmo deve acontecer com este projeto. Uma das principais razões para guardar segredo é para que tudo fique mais divertido. Reúna algumas de suas melhores amigas para ajudá-la a planejar. Guarde este livro com você lá no trabalho, no porta-malas do carro ou escondido em algum cômodo da casa no qual ele nunca entra. Uma amiga fez um caderno com capa falsa. Ela o chamou de Diário da Administração da Casa, reconhecendo que se o marido estivesse feliz, ela poderia *conseguir* ficar morando na mesma casa que ele.

### Não crie altas expectativas

Se seu marido souber que você está seguindo este projeto, ele pode de repente começar a checar se você está fazendo as coisas da forma "correta". Queremos que nossos maridos se sintam honrados e amados, mas, se eles souberem o que está acontecendo, poderá se tornar mais um fardo para você do que uma bênção. Você não quer chegar ao ponto de sentir que essa é mais uma tarefa doméstica que você tem que cumprir em sua lista de afazeres diários. A ideia de cada projeto é voltar nosso coração e mente para nossos maridos, e não nos certificarmos que conseguimos acabar outro livro sobre casamento.

Além disso, se ele descobrir o projeto bônus, pode ser que essa seja a única coisa que ele vai antecipar com alegria durante toda a semana.

### Não complique

Pode ser revelador se um dia você mal nota que seu marido chegou em casa, e no dia seguinte você veste a sua camisola mais sensual e o ataca assim que ele chega em casa.

> "A forma mais fácil de guardar um segredo é sem ajuda."
>
> — Autor desconhecido.

O objetivo não é fazer grandes estardalhaços em seu casamento; é apenas elevar o nível *em todas as áreas.* Faça algo, todos os dias, para permitir que ele saiba que você o ama e está feliz por vocês estarem casados. Quando você busca continuamente meios de abençoá-lo, ele não vai ficar chocado (nem desconfiado) quando isso acontecer.

### Outras maneiras de guardar esse segredo

- Quando enviar um e-mail para suas amigas de prestação de contas, certifique-se de que você não usa uma conta conjunta à qual vocês dois tenham acesso, uma conta que seu marido também usa. Você não gostaria que ele visse seus planos para as mensagens de flerte, não é mesmo? Há muitos provedores, *Gmail, Hotmail, Yahoo*. Basta criar a sua conta gratuita.
- Esconda seu calendário ou agenda de atividades em algum lugar que ele não vá encontrar. A área de serviço é um lugar muito seguro em minha casa — ninguém entra ali, exceto em emergências, quando se precisa de alguma roupa íntima limpa.
- Fique tranquila. Não comece a rir assim que ele entrar em casa, dizendo: "Ah, tenho uma surpresa para você!" Transforme seu projeto em parte de sua rotina diária.
- Não conte para ninguém o que você está fazendo. Tenha cuidado com o que você fala ou pode botar tudo a perder — incluindo o próprio projeto. Não conte para a mãe dele, não conte para o melhor amigo dele, não conte para ninguém que se encontra regularmente com seu marido.
- Use uma senha, uma palavra secreta. Talvez, quando estiver conversando com suas amigas sobre se encontrarem para fazer seus planos, você possa dizer: "Oi, vamos nos encontrar naquele café para discutir o projeto [o plano, a agenda]".

- Faça com que seus filhos se envolvam. Não diga a eles que você está trabalhando num projeto específico. Apenas ajude-os a imaginar formas de abençoar o pai, e eles vão receber os elogios por essas atitudes. Dessa forma, você ainda está amando e encorajando seu marido, além de incluir os filhos no processo.

## Faça com que seja divertido para você também

Há algo especial no conspirar com outras mulheres que pensam como você, pois isso irá mantê-la motivada mesmo quando estiver cansada e mal-humorada, e quando seu marido não estiver retribuindo seu amor e dedicação a ele. Seja extremamente cuidadosa para fazer com que esse projeto continue sigiloso. Você vai ser abençoada nesse processo.

## E se ele descobrir

Então ele viu um e-mail de sua amiga para quem você presta contas. Encontrou este livro no porta-malas do carro ou debaixo do banco do motorista. Bem. Não desista. Diga-lhe que você está se empenhando em mudar para que ele se sinta amado e apreciado. Qualquer homem inteligente vai parar de fazer perguntas no mesmo instante e se divertir com todo o processo.

# 5

# Prestação de contas: a chave para que isto funcione

Sou conhecida por começar projetos que quase nunca são completados. Tenho uma pequena fortuna em materiais variados para fazer rascunhos e gavetas cheias de miçangas e presilhas, e tudo isso ocupando espaço em minha casa. Não quero nem mesmo começar a discutir sobre o número de livros novos que nunca foram folheados que entulham minhas estantes, e atravancam o espaço debaixo de minha cama...

Todas nós temos projetos que iniciamos de forma entusiasmada e nunca conseguimos terminar. Não permita que isso aconteça com este projeto.

Todas nós temos projetos que iniciamos de forma entusiasmada e nunca conseguimos terminar.

Há várias maneiras de assegurar que você se atenha a ele a longo prazo. Pôr seu plano no papel ou escrevê-lo neste livro é uma forma de garantir que vai completar os 21 dias do projeto. A oração é definitivamente essencial para você persistir ao longo do projeto quando seu marido, digamos, se comportar de uma forma menos charmosa algum dia. No entanto, sem a menor sombra de dúvida, o fator determinante mais importante para você completar o projeto ou este livro ficar convenientemente perdido debaixo da cama é ter duas parceiras comprometidas para quem você deve prestar contas.

Na companhia de boas amigas, sua experiência com este projeto vai ser mais divertida, mais criativa e suas chances de completar o projeto vão aumentar muitíssimo.

## A escolha de sua equipe para o projeto

Decida quais as duas amigas com quem é mais provável que você faça essa jornada. Minha sugestão é encontrar amigas que vão compartilhar a sensação de aventura (ou que pelo menos estejam dispostas a pensar um pouco fora da caixa). Pense em confidentes confiáveis, mulheres que conseguem falar de roupas íntimas e talvez até mesmo... de sexo! (Isso elimina automaticamente, para a maioria de vocês, sua mãe, sogra, filhas e todas as ex-namoradas dele.)

Quando tive que decidir sobre minhas parceiras, passei algum tempo pensando e orando sobre as mulheres que escolheria para que eu prestasse contas do andamento do projeto. Precisava de mulheres que achariam tudo muito divertido, inovador e que estivessem dispostas a me dar um empurrãozinho quando começasse a esmorecer. Como você bem sabe, há dias em que muito provavelmente não sente nem vontade de olhar para seu marido e muito menos de preparar um pequeno lanchinho delicioso para ele.

Localização não é importante. Por vários anos, uma das minhas parceiras de prestação de contas vivia do outro lado dos Estados Unidos, e a outra a apenas quatro quarteirões de minha casa. Isso foi desafiador de início, mas conseguimos fazer com que tudo funcionasse muito bem. O e-mail é uma dádiva de Deus, e sempre que uma crise se aproximava, nós nos contatávamos por telefone. Em um dado momento, considerei seriamente mudar meu plano de celular para baixar o custo dessas ligações.

Talvez você queira equilibrar a dinâmica de seu grupo levando em conta a personalidade de cada mulher. Apesar de eu ser criativa e conseguir pensar em vinte maneiras de flertar com meu marido antes do café da manhã, organizar de fato um plano em um calendário é um desafio para mim. Essa é a razão por que necessito de alguém como minha amiga Angela em minha vida. Ela é criativa, e seu ponto forte é a implementação; ela consegue com facilidade pôr essas grandes ideias em ação. Ela é aquela que me envia e-mails todos os dias com lembretes sobre qual surpresa planejamos para o marido naquele dia: "Hoje é segunda-feira, e é dia de fazer massagem nas costas!"; ou: "Já fez o projeto bônus esta semana?"

Amo esta história de Êxodo 17:8-13 sobre o grupo de amigos apoiadores:

> Sucedeu que os amalequitas vieram atacar os israelitas em Refidim. Então Moisés disse a Josué: "Escolha alguns dos nossos homens e lute contra os amalequitas. Amanhã tomarei posição no alto da colina, com a vara de Deus em minhas mãos".
>
> Josué foi então lutar contra os amalequitas, conforme Moisés tinha ordenado. Moisés, Arão e Hur, porém, subiram ao alto da colina. Enquanto Moisés mantinha as mãos erguidas, os israelitas venciam; quando, porém, as abaixava, os amalequitas venciam. Quando as mãos de Moisés já estavam cansadas, eles pegaram uma pedra e a colocaram debaixo dele, para que nela se assentasse. Arão e Hur mantiveram erguidas as mãos de Moisés, um de cada lado, de

> modo que as mãos permaneceram firmes até o pôr do sol. E Josué derrotou o exército amalequita ao fio da espada.

Tudo bem, vamos esmiuçar esse texto. Moisés ordena que Josué ataque os amalequitas (que os estavam atacando, então parece algo muitíssimo razoável para ser feito). Moisés, por conseguinte, em uma demonstração de apoio, vai para o alto da montanha e fica ali de pé com a vara que Deus lhe ordenara pegar em suas mãos.

Não sei se você já tentou ficar de pé por um longo período com algo pesado sobre sua cabeça, mas fico cansada só de ficar com as mãos para cima durante o momento de louvor na igreja. Após alguns minutos, parece que estou fazendo uma versão interpretativa da "Adoração Macarena" — as mãos para cima, as mãos para baixo, uma mão para cima, uma mão para o lado.

Enquanto Moisés mantinha as mãos erguidas, seu exército vencia a batalha. Contudo, sempre que as baixava sua equipe sofria reveses no campo de batalha. Então seus servidores, Arão e Hur, escalaram a montanha. E é isso que amo, essa ilustração da verdadeira amizade: aqueles dois amigos puseram-se ao lado de Moisés; assim, eles não só mantiveram as mãos dele levantadas, mas também puxaram uma pedra para que Moisés se sentasse. Proveram conforto e apoio para o amigo que estava em pé na batalha.

Como esposas, haverá muitas circunstâncias em que somos chamadas a fazer coisas extraordinárias pelo casamento à medida que os desgastes acontecem por causa de alguns pontos nevrálgicos, desafios não percebidos e algumas vezes uma batalha generalizada. É precisamente nesses momentos que precisamos do apoio e conforto das amigas que não permitem que desistamos da batalha, mas que, com convicção e resolução, ajudam-nos a ficar de pé e vencer quando nos sentimos sobrecarregadas e derrotadas.

Escolha essas mulheres com sabedoria. Elas conhecerão você e seu casamento de maneira muito íntima. Faça o compromisso de que, quando vocês se encontrarem (se on-line, no café perto de sua casa, ou onde quer que seja), o que acontece no seu grupo fica no seu grupo.

## Acordo de prestação de contas

Assim que você escolher sua equipe, certifique-se de que todas do grupo assinarão este acordo. Isso vai servir como um lembrete extra da decisão concreta que fizeram para seguir o projeto até sua conclusão, e do compromisso de uma apoiar a outra quando se sentir desanimada e prestes a desistir.

A prestação de contas não só a ajudará a ficar focada e em ação, mas também vai transformar este projeto em algo muito mais divertido.

## Acordo de prestação de contas
## *21 dias para ter um casamento maravilhoso*

**O acordo**

Nós, as leitoras de *21 dias para ter um casamento maravilhoso*, concordamos de forma entusiasmada em dar início a um relacionamento recíproco de prestação de contas com o único propósito de nos engajar em todos os projetos e de completá-los a fim de amar intencionalmente e apoiar nossos maridos. Como parceiras de prestação de contas, fazemos o voto de:

- Considerar cada uma de nós responsável pelo andamento do projeto (mesmo se isso significar dar um empurrãozinho do tipo: você sabe o que vai acontecer).
- Entrar em contato umas com as outras pelo menos três vezes por semana.
- Escrever nosso plano e discuti-lo umas com as outras.
- Rir apenas uma com as outras, e não umas das outras.
- Não falar mal do marido por 21 dias.
- Orar umas pelas outras todos os dias nesses 21 dias.
- Garantir que os detalhes sejam confidenciais — o que acontecer em nosso trio permanecerá em nosso trio.

- Pedir ajuda, motivação ou inspiração se estivermos enfrentando um momento difícil ou se aquele sentimento de querer largar o projeto inacabado começar a se aproximar.

Com sorrisos em nosso semblante e esperança em nosso coração, assinamos e reconhecemos o "Acordo de prestação de contas *21 dias para ter um casamento maravilhoso*" no dia ___ de ____________________ de 20___.

________________________________

Supervisora do projeto

________________________________

Parceira de prestação de contas

________________________________

Parceira de prestação de contas

# 6

# Como lidar com situações difíceis durante o projeto

À MEDIDA QUE VOCÊ TRABALHA no projeto, surgirão, sem dúvida, algumas questões. Eis aqui algumas das mais frequentes que sempre aparecem, e também minha tentativa de respondê-las da melhor forma possível.

> "A diferença entre as pedras de tropeço e uma passagem de pedras bem organizada é como você as usa."
>
> — Autor desconhecido.

**Questão 1:** *Posso continuar realizando o projeto enquanto meu marido está viajando? E quando eu estiver viajando? É melhor adiar o projeto até que todos estejam sob o mesmo teto?*

Você, com certeza, deve continuar com o projeto quando seu marido estiver viajando. Nem todo projeto é feito face a face; na verdade, alguns deles funcionam melhor quando vocês dois estão separados por causa de uma viagem. E é perfeitamente aceitável fazer um projeto na terça-feira que ele só vai descobrir no sábado quando voltar de viagem.

Eis aqui algumas ideias para adaptar alguns dos projetos enquanto ele está distante:

*Projeto 20 — Bilhetinhos adesivos, a maior invenção do homem*

- Ponha um bilhetinho adesivo na mala de seu marido, para que ele o encontre quando desfazê-la.
- Quando estiver lavando a roupa, deixe algum bilhetinho de amor que ele só vai descobrir quando for calçar as meias.
- Deixe um bilhetinho no espelho do banheiro para que ele saiba o quanto você sentiu saudades dele enquanto ele viajava e como está feliz por tê-lo de volta.

*Projeto 11 — Chega de estresse*

- Enquanto ele está viajando, faça um esforço para eliminar algo que o deixa irritado, sem qualquer expectativa de que ele notará a diferença quando voltar para casa. Certifique-se de que as roupas dele estão limpas e prontas para serem usadas no dia seguinte depois da viagem ou que o tanque do carro está cheio antes de ele voltar para casa.

*Projeto 15 — O que não usar*

- Livre-se daquela peça de roupa. Esse projeto é ideal para um dia em que seu marido não estiver em casa, pois você pode experimentar as roupas e se livrar de todas as peças que você ou ele odeiam.

As palavras de encorajamento podem ser oferecidas de qualquer local. Se você conhece a agenda de viagem de seu marido, vai ser fácil alocar alguns dos projetos para edificá-lo nos dias em que ele estiver viajando. Dentre os projetos com palavras de encorajamento, temos os seguintes:

*Projeto 3 — Você é esse homem*
*Projeto 5 — E-flerte.com*
*Projeto 12 — Entendi! Observe as grandes coisas que ele faz*
*Projeto 16 — Será que está quente aqui, ou é você?*
*Projeto 20 — Bilhetinhos adesivos, a maior invenção do homem*

Eis aqui algumas ideias para os projetos criativos que você pode preparar enquanto viaja:

*Projeto 15 — O que não usar*

- Tenho alguns itens em meu armário que fico envergonhada de compartilhar o quanto são extravagantes. A parte triste é que não são os favoritos de meu marido. Enquanto estou viajando é uma grande oportunidade para vesti-los e apreciá-los sem que Roger tenha que aturá-los.

*Projeto 17 — Mate a aula*

- Se você tem filhos, organize para que uma babá venha ficar com as crianças a fim de que seu marido possa passar algumas horas sozinho.

*Projeto 18 — Hoje o jantar é por minha conta*

- Eis aqui uma variação da ideia de sequestrar seu marido e levá-lo para jantar fora. Deixe um cartão de presente para ele levar para um amigo, alguma criança ou até mesmo a mãe dele para jantarem juntos. Você vai ganhar pontos de bônus com todos os envolvidos (em especial se seus filhos não forem fãs das refeições preparadas pelo pai.)

*Projeto 19 — O serviço aqui é excelente*

- Deixe um estoque secreto de alimentos em uma cesta no seu quarto. Eu coloco um recipiente com gelo em nosso quarto para que o queijo esteja frio quando Roger encontrá-lo.
- Faça o seu próprio serviço deixando o lençol de cima dobrado, como nos hotéis. (Nada fica completo sem aquele travesseiro aromático de menta.)

*Projeto 21 — Perseguições de carro e lutas de caratê*

- Se você usa algum serviço de tevê por assinatura, procure fazer com que todos os filmes movidos a testosterona estejam disponíveis enquanto você está viajando. Tenho certeza que ver alguns camaradas apanhando e explodindo em pedacinhos serão úteis para confortar seu marido durante sua ausência.
- Certa vez, enquanto estava viajando, consegui o último filme do Super-homem para o Roger. Não sou a maior fã do personagem, então eu sabia que Roger não se sentiria culpado em assistir ao filme sem mim, e eu não teria de sofrer vendo esse filme em algum momento no futuro.

Apesar de parecer um fardo adicional realizar o projeto quando você ou seu marido estão viajando, lembre-se que a bênção pode ser aquele pouquinho a mais de encorajamento que ele necessita enquanto viaja e sente saudades do conforto de casa; ou quando você viaja, e ele sente saudades de você. Quando você sabe que o fogo caseiro está acesso, o caminho de volta para casa não parece tão longo.

**Questão 2:** *E se eu ficar doente ou ficar extremamente sobrecarregada no trabalho? Tenho mesmo que fazer os projetos todos os dias, ou posso esperar até que tudo fique um pouco mais calmo:*

Sejamos honestas. Há momentos em que você não vai ter a menor vontade de fazer os projetos. A vida é agitada; ficamos doentes; ficamos exaustas.

O outro lado da equação honestidade? Sua vida muito provavelmente não vai ficar menos estressante. (Realmente, o quanto sua vida é mais fácil hoje do que era há um mês?)

O meu melhor conselho é que você faça o que for possível, planeje-se com antecedência para os momentos mais agitados, e, no mínimo, comprometa-se a ter uma atitude maravilhosa em relação a seu marido. Se não conseguir fazer nada além de agradecê-lo por ter a caixa de lenços de papel ao alcance da mão enquanto você está doente, é isso que pode fazer nesse momento.

> No mínimo, comprometa-se a ter uma atitude maravilhosa em relação a seu marido.

Uma de minhas amigas trabalha em um escritório de contabilidade. Imagino que o mês de abril, o mês em que há muitas pessoas pedindo para fazer a declaração do imposto de renda, não seja o melhor momento para ela começar o projeto. Não se martirize, ou, pior, abandone de vez o projeto porque houve um atraso em seus planos.

**Questão 3:** *Ainda tenho de realizar o projeto quando estou brigada com meu marido?*

A forma de lidar com isso depende da intensidade da briga.

*1. Eu sou apaixonada por ele, mas ele está me deixando maluca.*

Vocês brigaram sobre qual a melhor forma de preparar o peru de Natal. Ou, apesar de você ter pedido para seu marido guardar as malas que você usou em sua viagem três semanas atrás, elas ainda estão ao lado da porta dos fundos.

Todas nós, de vez em quando, ficamos chateadas com nosso marido. Lembre-se de respirar fundo e de continuar com os projetos. Toda vez que fiquei furiosa ou frustrada com meu marido, tive de imaginar Jesus ao lado dele. Meu foco está no amor a Cristo, e meu marido está no meio do caminho, recebendo todo esse amor.

Pode ser uma experiência esclarecedora "amar em meio às contrariedades" e permitir que Deus trabalhe em seu coração. Contudo, como as tribulações mais desconfortáveis, você vai ser capaz de desfrutar de seu progresso apenas depois que atravessar a parte mais difícil.

*2. Não acho que meu casamento vá durar mais que 21 dias.*

Já ouvi o relato de várias mulheres que brigaram com o marido durante o projeto. É impressionante como as questões de seu casamento vêm à tona no momento em que você tenta amar intencionalmente o seu marido, quaisquer que sejam as circunstâncias.

Esse pode ser o momento para pedir o ponto de vista de outro casal que vocês dois amam e respeitam, de conversar com o pastor ou de fazer algum aconselhamento para casais. Talvez a melhor coisa que o projeto fará para alguns casais é trazer à tona essas questões latentes que devem ser tratadas para então poderem apaixonarem-se novamente. Não tema buscar todas as opções possíveis para transformar seu casamento naquilo que Deus quer que ele seja.

Enquanto desenvolviam o projeto, muitas esposas compreenderam que, embora existissem problemas reais e dificuldades com seus maridos que precisavam ser resolvidas, Deus estava, de fato, trabalhando em seus corações em determinadas áreas de seus casamentos.

# 7

# Cada casamento é diferente

NEM TODO PROJETO QUE SUGIRO neste livro vai ser uma boa ideia para todos os maridos. (Ei, nem todos os projetos são algo que meu marido gostaria.) Meu propósito para cada um dos projetos é tocar nas principais áreas em que os homens se sentem amados e honrados.

Em um dos projetos sugiro que, se existe algum serviço de casa que seu marido odeie, talvez você deva contratar alguém para assumir essa tarefa e tirar esse serviço da lista de afazeres. Meu marido adoraria isso. Muito provavelmente, seu marido também vai amar essa solução. Mas talvez alguns maridos entendam como se suas esposas estivessem dizendo:

— Tudo bem, seu preguiçoso. Se não vai fazer essa tarefa, então vou contratar alguém para fazê-la.

Só você pode saber como seu marido vai responder; considere, portanto, a estrutura mental e felicidade dele quando fizer seus planos para abençoá-lo.

Há algumas coisas das quais precisa estar consciente enquanto realiza o projeto *21 dias para ter um casamento maravilhoso*:

## 1. Verifique sua atitude

O principal objetivo deste projeto não é mudar seu esposo. Na verdade, será que você já conseguiu ser bem-sucedida com *esse* plano de transformá-lo? Ao contrário, os projetos visam a dar início às mudanças em você mesma, em seus hábitos e em seu coração.

Quando faço as coisas para o Roger, preciso verificar minha atitude constantemente. "Será que estou fazendo isso para abençoá-lo ou para que ele me reconheça, mude para me agradar ou fique me devendo favores?"

Recentemente, recebi o e-mail a seguir de uma de nossas supervisoras de projeto, Sherry:

> Por ser "uma dona de casa ao estilo Ana Maria Braga" (como todas minhas amigas me chamam), sempre considerei uma prioridade fazer um belo jantar e servir boas refeições para meu marido e família. Assim, quando recebi um e-mail sobre o projeto para preparar algo especial na cozinha para meu marido, pensei: "Aham, já faço isso. Estou um passo à frente nesse jogo!"
>
> Bem, fui ousada e decidi compartilhar esse pequeno detalhe com uma grande amiga que me deu um banho de realidade. Ela me perguntou qual era a motivação para fazer um prato/refeição especial para meu marido. Era só a Ana Maria Braga que existia em mim ou estava de fato tentando honrar e valorizar meu marido quando preparava algo especial para ele? Bem, como você pode imaginar, minha motivação não era tratá-lo de forma especial. Era apenas fazer algo que já fazia — nada extraordinário nisso.

Amo essa honestidade e percepção de Sherry. De acordo com os padrões de hoje, ela é uma superesposa: tem uma casa bonita e convidativa, é excelente cozinheira e sempre está bem vestida e arrumada. Contudo, quando foi desafiada a revelar sua motivação, ela buscou em seu íntimo a resposta e percebeu que seus esforços eram mais para si mesma, para reforçar o que ela acreditava ser seu papel, do que ter a intencão de abençoar o seu marido.

Sherry não mudou suas atitudes, mas, após examinar a motivação pessoal, está sendo mais intencional acerca da satisfação das necessidades de seu marido, em vez de suas próprias expectativas. Independentemente do que façamos ou como façamos, nossa atitude sempre é mais relevante que a ação em si.

O outro lado disso é garantir que seus atos sejam entendidos como uma demonstração de seu amor, e não como algo feito em interesse próprio nem como antecipação de retribuição. Sei que em um piscar de olhos vou da bênção para a mamãe sacrificada. Se estou tentando amar meu marido e não consigo nenhuma reação para a refeição *gourmet* que preparei ou para a camisa que passei para ele, posso ficar rapidamente mal-humorada e ressentida.

Uma advertência: lembre-se que não está fazendo nenhum desses projetos para ser *notada*. Se você conseguir abençoar seu marido em segredo, melhor ainda. Tenha por missão fazer cada projeto sem esperar um retorno. Delicie-se na satisfação secreta de saber que está fazendo tudo que pode para ser uma bênção para seu marido.

## 2. Dê um toque pessoal aos projetos

Você é a única especialista em seu marido. Cabe a você não seguir esse programa matrimonial (ou qualquer outro) cegamente , mas ajustar cada projeto ao seu marido.

Você é a única que pode saber se há alguma coisa que possa ferir os sentimentos de seu marido, aborrecê-lo ou perturbá-lo de alguma maneira. Uma de nossas administradoras de projeto, Linda, sabia que seu marido, no Projeto 1 (30 minutos é tudo que você precisa: *Crie algum tempo livre quando ele chegar em casa*), não aceitaria bem chegar em casa e ouvir que se sentasse e relaxasse por meia hora. Em vez disso, ela tentou facilitar o tempo dele de transição estando com o jantar pronto quando ele chegasse em casa.

Após fazer alguns projetos, você vai entender melhor o que seu marido mais gosta. O que o faz se sentir apoiado e amado? Alguns homens devorarão as palavras encorajadoras, enquanto outros precisarão de uma abordagem mais prática.

Considere este um projeto de pesquisa da mais alta importância. Uma vez que você passa a saber o que faz com que seu marido se sinta cuidado, adquire mais habilidade para adaptar cada projeto para satisfazer as necessidades específicas dele.

Você é a única especialista em seu marido, [...] ajuste cada projeto ao seu marido.

Esses projetos são desenvolvidos para ajudá-la a conceber o casamento de forma criativa, distante dos hábitos rotineiros, das tradições e das tarefas que construiu para você mesma. O objetivo dos projetos não é cerceá-la. Seu projeto vai parecer bem diferente do projeto de sua melhor amiga — vocês são casadas com homens diferentes. Somos o self-service dos programas de encorajamento. Faça *do seu jeito*.

### 3. Deixe-o administrável

Talvez você e seu marido sejam super-românticos. Bom para vocês. Para os outros 98% de nós, recomendo manter as coisas administráveis. Um caminho de pétalas de rosas levando até você sobre um tapete de pele de urso é maravilhoso — mas tentar manter esse padrão de bênção todas as noites lhe custará um preço alto demais (isso para não mencionar a vida útil do tapete).

Um romance assim pode ser um choque para seu sistema de casamento. Apesar de ser ótimo agitar as coisas de vez em quando, pense na temperatura de seu casamento. Pense com moderação e agite as coisas apenas um ponto ou dois acima do rotineiro (troquem aquele abrigo que usam para dormir por pijamas bonitos e que combinem) em vez de extrapolar (uma tanga pode não ser a melhor coisa para induzir o sono, para nenhum de vocês).

Há uma diferença sutil, e ainda assim encantadora, em deixá-lo perguntando a si mesmo: "Uau, o que será que fiz para ter tanta sorte de ser casado com uma garota assim?"; e o surpreenda todas as noites com novos e estimulantes projetos. Mantenha as coisas simples e deixe-o se perguntando o que você fará a seguir.

# 8

# Buscando o que existe de bom em seu casamento

ALGUNS ANOS ATRÁS, DURANTE meu primeiro casamento, atravessei uma fase muito difícil em minha vida. Estava sofrendo de depressão profunda, ganhando muito peso e vestindo roupa preta todos os dias (não de uma maneira alegre e atraente, mas de uma maneira a um passo do luto), dormindo cada vez mais e participando, em geral, o mínimo possível da vida.

Sara, uma de minhas boas amigas, seguia de perto minha morte lenta e dolorosa. Quando ela me convidava para sair e tomar um cafezinho, eu recusava de forma polida dizendo que estava ocupada demais para ter tempo para atividades sociais. Na verdade, estava consumida com as reprises do seriado *Friends*, sonhando com a vida em Nova York, na qual eu era esbelta e com silhueta e tinha pessoas inteligentes a minha volta.

Bem, com uma programação para seguir (o seriado *Friends* passava quatro vezes por dia), evitava com destreza todos os telefonemas e e-mails. Ou seja, até Sara vir à minha casa depois de esgotar seu repertório para me ajudar.

— Chega, isso é loucura — disse ela. — Está mais difícil falar com você que com uma freira na clausura. Você *tem* de voltar a se socializar.

Olhei para ela sem expressão.

— Se isso exige tomar banho, não conte comigo.

Mas Sara estava cansada de tentar manter minha cabeça fora d'água enquanto eu continuava a afundar. Ela decidiu pôr um plano em ação. Ela me deu um caderno e me disse para começar um "diário de gratidão". Eis as regras dela:

1. Escreva, todos os dias, cinco coisas pelas coisas está agradecida.
2. Não podia pôr meus filhos na lista (isso seria muito fácil).
3. Tinha de ler a lista para ela todos os dias.

Achei o projeto totalmente chato e estúpido (e a Sara também). Será que ela não percebia que eu estava deprimida? Por que não podia simplesmente me deixar sozinha?

Assim, fiz o que achava ser o melhor na época — me escondi. Passei a usar identificador de chamada telefônica e olhava através da cortina para ver quem estava à porta. Não queria praticar a gratidão, estava muito bem me sentindo miserável, obrigada.

Mas Sara persistiu e eu cedi. Certo dia, liguei para ela e disse o que estava na minha lista.

*Lista de gratidão de Kathi — 5 de julho*

1. Não houve apagões hoje, por isso, pude secar o cabelo e assistir a *Friends*.

— O que é isso? — disse Sara — Em um período de 24 horas tudo que você diz é: "Não houve apagões"?

— Bem, é um começo, não é mesmo?

Isso era realmente tudo com que conseguia lidar na época.

Sara suspirou e disse:

— Está bem, mas quero duas coisas amanhã.

Duas coisas? Ela estava dobrando minha tarefa!

Mas no dia seguinte, tinha duas coisas na lista e, no fim da semana, minha lista tinha cinco itens.

Conforme atravessava o dia, sabia que tinha de encontrar coisas pelas quais estava agradecida. Quanto mais praticava a busca dessas coisas, mais fácil ficava encontrá-las.

Quando comecei a escrever as coisas pelas quais era grata, minhas bênçãos começaram a se multiplicar diante dos meus olhos. As coisas que costumavam me deixar maluca (esperar na fila na loja, ter de abastecer o carro), de repente, se transformaram em pequenos oásis de gratidão. Esperar na fila me dava tempo para ficar tranquila por um momento, abastecer o carro me dava tempo para refletir em como estava agradecida por ter um meio de transporte confiável. Minhas circunstâncias não mudaram, a única coisa que mudou foi a maneira como enxergava essas circunstâncias.

## Nossas atitudes determinam nossos atos

Paula Friedrichsen, em seu livro *The Man You Always Wanted Is the One You Already Have* [O homem que você sempre desejou é aquele que você já tem], discute como podemos fazer uma escolha intencional para abençoar nosso casamento:

> Começamos por escolher como agimos. Às vezes temos apenas de fazer a escolha de agir de forma bondosa e amorosa, independentemente de como nos sentimos. Em outras palavras, não há problemas em agir de forma prazerosa e alegre mesmo quando não nos sentimos assim. Na verdade, afirmo que se você agir de forma prazerosa e alegre por bastante tempo, no fim, começa a se sentir assim.
>
> Nosso marido merece um tratamento consistentemente bondoso e respeitoso e ele viceja como jardim ensolarado e bem irrigado se cuidarmos dele da forma correta. É diver-

tido como os homens, com apenas um pouco de cuidado amoroso e terno, respondem em geral fazendo tudo que podem para satisfazer nossas necessidades. E se deixarmos de prestar atenção no que eles não estão fazendo certo e voltarmos nossa atenção para onde ela deve estar — nosso próprio comportamento — então descobrimos que o resto se arranja sozinho.

Se você está tendo dificuldade em encontrar motivação para iniciar algum dos projetos ou está apenas lutando para amar seu marido, por que não tenta primeiro fazer sua própria lista de gratidão durante 21 dias? Escreva, cada dia, cinco coisas sobre seu marido pelas quais é agradecida. Pode ser algo mínimo (ele pôs a xícara na máquina de lavar louça) ou algo imenso (ele aceitou um trabalho que não gosta a fim de prover para nossa família).

> "Vigie seus pensamentos; eles se transformam em palavras. Vigie suas palavras; elas se transformam em atos. Vigie seus atos; eles se transformam em hábitos. Vigie seus hábitos, eles se transformam em caráter. Vigie seu caráter, ele se transforma em seu destino."
>
> — Autor anônimo

Essa também é uma ótima preparação para alguns dos projetos por vir ("Você é esse homem: *Espalhando detalhes maravilhosos sobre seu marido*" e outros projetos).

É aí que suas parceiras de prestação de contas podem ser de grande ajuda. Prestem contas umas às outras de suas listas de gratidão. Em primeiro lugar, certifique-se de que reconhece diariamente motivos para estar casada com seu marido. E certifique-se de deixar escapar com regularidade alguns poucos itens da lista para que ele saiba o quanto é amado.

# 9

# Mas isso não é justo!

Talvez você tenha sido arrastada para *21 dias para ter um casamento maravilhoso* por uma amiga bem-intencionada (ou seja, insistente). Você, conforme lê sobre alguns dos projetos, começa a se sentir um pouco desconfortável. Esse não parece um plano para você. Quer o plano lhe pareça estranho ("Tarefas para amar meu marido?"), quer um pouco dona de casa demais ("Ter uma refeição quentinha pronta esperando por ele quando ele chega em casa? Mal consigo abrir a lata do molho do espaguete").

Assim, a primeira reação de algumas esposas, com certeza, será: "Hei, também trabalho muito! Podia dedicar um pouco de tempo para mim mesma"; ou: "Por que sempre tenho que ser eu quem pensa nele? Quando vai ser a vez dele pensar em mim?"

Entendo totalmente essa reação. Sei que você trabalha muito. Também trabalho muito. Trago o bacon para casa e o frito em uma panela. Trabalho em tempo integral, administro uma casa, levo e trago as crianças para um mundo de atividades, pertenço a algumas poucas organizações profissionais e sou voluntária na minha igreja. Nunca comi um bombom ou assisti a uma novela sentada em uma poltrona usando um roupão florido. Entendo muito bem o que é ser ocupada. Mas só posso controlar minhas ações, não as ações do meu marido.

Depois das fúteis tentativas de enaltecer a mim mesma, descobri que parece que essa atitude nunca me leva a lugar nenhum com o seguinte jogo: "Ei, não é justo!" Conheço esse jogo. Toda noiva, quando acaba de recitar seus votos e assinar a certidão de casamento, recebe uma versão de luxo especial desse jogo. As regras são simples de seguir (e naturais). Acrescente tudo que faz em casa, além de trabalhar fora, a seguir, adicione alguns filhos à mistura e você, de repente, está preparada para reivindicar o título de campeã invicta do "Ei, não é justo". Não há concorrentes para o título. Eles não ousariam desafiá-la.

Você e eu, conforme vejo as coisas, temos duas escolhas. Primeiro, podemos continuar jogando esse jogo, fazendo uma lista cada vez maior de ressentimentos em nossa mente e deixando nós mesmas e nossos maridos péssimos. Ou, segundo, podemos ser contraintuitivas e viver de uma forma radical, semelhante à de Cristo, quando se trata de nosso casamento, colocando as necessidades de nossos maridos antes das nossas (ou das de nossos filhos, se eles fizerem parte do quadro). Podemos começar vendo nossa escolha de servir nossos maridos não como um decreto ou alguma cláusula de nosso contrato de casamento, mas como um derramamento (ou, em alguns casos, uma restauração) do nosso amor por nossos maridos.

### O amor e a pista de hóquei

— Chegue mais perto, vou manter você aquecido.

— Obrigado pelo sacrifício, você é muito generosa — murmura Roger com um sorriso.

É isso mesmo, meu marido está perto de mim. Sempre que nos sentamos lado a lado para assistir ao jogo de hóquei de nosso filho e começo a tremer de frio, ofereço-me para "ajudar" meu marido me aconchegando nele. Ele aproveita o aconchego, mas eu também. É quase a mesma coisa no que diz respeito ao servir os outros. Ao mesmo tempo em que os outros podem se beneficiar com nosso gesto, somos nós que recebemos a maior recompensa.

Deus nos instrui a amar e a servir nossos maridos. Mas Deus, nesse processo, quer fazer um ministério de mudança de vida *em* nós. É impossível responder ao chamado de Cristo em nossa vida e servi-lo sem ser mudada — tornando-nos um pouco mais semelhantes a Cristo enquanto servimos os outros.

Deus tem coisas extraordinárias guardadas para suas meninas que estão dispostas a colocar os outros antes de si mesmas. Conforme Paulo nos encoraja: "Não nos cansemos de fazer o bem, pois no tempo próprio colheremos." (Gálatas 6:9)

E aqui está mais um grande encorajamento enviado pela esposa de um pastor após ter iniciado o projeto:

> Recebi o telefonema da minha amiga para participar do projeto no momento perfeito. Estava ficando ressentida e amarga com a agenda do meu marido — ele estava ocupado demais com seu trabalho e ministério. Estivera orando para que ele "ouvisse a Deus" e estivesse disposto a mu-

> "Quem quiser tornar-se importante entre vocês deverá ser servo, e quem quiser ser o primeiro deverá ser escravo; como o Filho do homem, que não veio para ser servido, mas para servir e dar a sua vida em resgate por muitos."
>
> — Mateus 20.26-28

> dar de trabalho e, até mesmo, de igreja, mas esse projeto está mudando minha atitude em relação a ele e a seu trabalho. Vim a perceber que me envolvi em minhas responsabilidades diárias e não fui "intencional em amá-lo e apoiá-lo". Posso dizer que estou gostando do trabalho em andamento e que meu marido tem reagido bem, ele está mais positivo, aberto e, algumas vezes, veio até em casa entre o trabalho e os ensaios. Mais uma vez, obrigada.

Apesar de ser óbvio que o marido dela está colhendo os benefícios do projeto, também fica evidente que a maior bênção aqui é a recebida por nossa amiga — a paz com sua situação e uma nova atitude em relação ao seu marido.

Quando deixamos de lado nossos direitos, essas coisas que "merecemos" como esposa, essa atitude dá ao nosso marido e ao nosso Deus as maiores oportunidades para nos abençoar.

10

# Glossário

### Projeto

Uma atividade por meio da qual você abençoará seu marido, fazendo-o se sentir especial, amado, apreciado, honrado ou mimado... e se ele for realmente sortudo, tudo isso! Há 21 *projetos* ao todo.

### Supervisora do projeto

Líder da torcida para a campanha "vou fazer meu marido se sentir o máximo". Essa seria você! Você já é a rainha da casa e agora, já que é quem está assumindo o controle de cada um dos projetos, passa a ser a *supervisora do projeto.*

### Parceira de prestação de contas

É alguém que mantém a ênfase no projeto, ou seja, uma parceira de prestação de contas (duas delas) que se junta a você nesse projeto a fim de discutirem em grupo seus planos e objetivos e de fornecer, ao longo do caminho, entusiasmo, inspiração e talvez um pouco de diversão.

## Projeto bônus

Sexo. Isso mesmo, é disso que se trata o *projeto bônus*. Sexo, puro e simples. Você, pelo menos uma vez por semana nessas três semanas, vai descobrir maneiras de satisfazer sexualmente seu marido. Sem dúvida, esses projetos serão os favoritos dos maridos e, espero, que também de algumas de vocês.

## Roupas íntimas

Uma parte essencial de qualquer *kit* de ferramentas da *supervisora do projeto*. Em "Um guia real para a compra de roupas íntimas" (presente na seção "Ferramentas para o projeto *21 dias para ter um casamento maravilhoso*" no final deste livro) fornecemos o necessário que você precisa saber para chamar a atenção de seu marido com um pouco de apelo sensual e muita autoconfiança.

## Refeições para seu marido

Fornecemos receitas (também na seção "Ferramentas para o projeto") para que você, independentemente de sua habilidade culinária, possa abençoar seu marido. Pense em comida reconfortante. Pense em comidas cremosas, deliciosas, pastosas, cheias de queijo e, em geral, proibidas pelos médicos. Você não encontra esses pratos em cardápios de comidas com baixa caloria, com baixo teor de carboidrato, mas as encontra no topo da lista das comidas prediletas de seu marido.

## Filmes para homens

Filmes para homens recomendados por homens que realmente conheço. As categorias de filmes incluem esportes, ação, comédia e, é claro, violência gratuita. Satisfaça a necessidade de seu marido por velocidade, voracidade e a ocasional obra duvidosa. Como cortesia, há uma curta lista de filmes para vocês dois desfrutarem juntos.

## Relatórios do projeto

Algumas das primeiras *supervisoras de projeto* testaram *este projeto* e compartilharam com alegria algumas de suas histórias de sucesso. Essas histórias não são apenas uma leitura interessante, mas você também pode encontrar nelas algumas ideias inspiradoras. Os *relatórios do projeto* encontram-se, com algum destaque, no fim de cada *projeto*.

## Sendo criativa

Ideias únicas, novas e específicas — exatamente o que você precisa para ajudá-la a completar cada projeto. Às vezes, a parte mais difícil de uma corrida é o início. Para ajudá-la a superar essa dificuldade em potencial, cada *projeto* apresenta uma seção *sendo criativa* a fim de mantê-la motivada e mobilizada para abençoar seu marido.

Construindo

# O lançamento do projeto *21 dias para ter um casamento maravilhoso*

# A despedida

Parabéns! Estou tão entusiasmada por você ter assumido o compromisso de se tornar uma especialista em seu próprio casamento.

Vai ter alguns dias em que será difícil completar o projeto. As crianças precisam de atenção, seu trabalho é estressante, e ter de correr atrás do sorvete favorito do seu marido pode parecer um tanto exagerado (e um pouquinho bobo).

Minha oração é para que você não fique desanimada. Seu marido merece esse esforço, você merece esse esforço e seu casamento merece esse esforço.

Seu marido merece esse esforço, você merece esse esforço e seu casamento merece esse esforço.

Minha oração para em seu favor (assim como a favor do a meu próprio casamento) está em 2Tessalonicenses 3-5: "O Senhor conduza o coração de vocês ao amor de Deus e à perseverança em Cristo."

Deus tem grandes coisas guardadas para seu casamento. Divirta-se muito descobrindo-as (ou redescobrindo-as).

*Kathi*

# Primeira semana de projetos

## Projeto 1

# 30 minutos é tudo que você precisa

## Crie algum tempo livre quando ele chegar em casa

*"Nunca há tempo suficiente para fazer todo o nada que você quer."*

Bill Watterson, "Calvin e Haroldo"

### Seu projeto

Hoje, foque nos 30 minutos de transição de seu marido. Ele gostaria de ficar sozinho para descansar e recarregar a bateria ou ele quer um pouco de sua atenção? O ponto é fazer com que seu marido saiba que você valoriza o que ele faz no mundo e que tem um porto seguro e amoroso para o qual voltar no fim do dia e recarregar a bateria.

Está bem, talvez eu esteja relembrando o passado. Amava assistir *Mr. Rogers' Neighborhood* quando era criança, mas tenho que admitir que alguns episódios me assustavam.

Acho que o que amava em *Mr. Rogers' Neighborhood* era seu comportamento gentil, mas se me perguntar o que mais me lembro do seriado, definitivamente, seria a rotina dele "ao chegar em casa". Amava seu ritual de trocar sua roupa de trabalho pela roupa velha de usar em casa. Sua transição marcava, a cada dia, o fim de seu tempo *lá fora* no mundo e o começo do período mais relaxante e reconfortante. Havia algo tranquilizador em saber que ele estava preparado para pôr seu foco no fato de estar em casa.

Há algo no interior de seu marido que deseja essa transição. A maioria dos homens precisa de uma maneira para sinalizar o fim do trabalho e o começo do descanso em casa — deitar um pouquinho, ler uma revista, ir ao seu cantinho (quarto, garagem, lugar do computador) ou, isso mesmo, talvez colocar seu tênis e o casaco favorito.

*Bem-vindo em casa, querido. Agora, cuide das crianças*

Como você cumprimenta seu marido ao fim de um longo dia? Você o encoraja a passar um pouco de tempo em seu recanto preferido?

É você quem chega em casa primeiro? Se fica em casa ou chega antes dele, será que você o encontra com uma lista de coisas que precisam ser feitas, uma lista de queixas sobre o dia ou talvez com um punhado de filhos para ser cuidados?

Se ele já está em casa quando chega, você irrompe porta adentro com uma lista de atividades a serem feitas durante o resto da noite que competiriam com a lista de tarefas de qualquer diretor de cruzeiro?

A maioria dos homens quer apenas alguns minutos de transição do trabalho para o ambiente de casa. Hoje à noite, ponha seu foco no tempo de transição de seu marido. Se vocês têm filhos, deixe que eles deem um rápido abraço no papai e brinquem um pouco com ele. Se forem apenas vocês dois, dê um beijo em seu marido e, a seguir, faça-o saber que não tem nenhuma tarefa pela próxima meia hora.

Você tem as coisas sob controle. Ele pode se deitar, assistir a tevê, ler um livro, jogar video game — o que ele quiser fazer. A escolha é dele.

E mais, talvez seu marido esteja mais bem preparado para ajudá-la a administrar as coisas depois de um pouquinho de tempo sozinho. Na verdade, em nosso próprio estudo científico aqui em *21 dias para ter um casamento maravilhoso* houve um repentino aumento no número de homens lavando pratos depois de passarem um pouquinho de tempo sozinhos para relaxar.

> Talvez seu marido esteja mais bem preparado para ajudá-la a administrar as coisas depois de um pouquinho de tempo sozinho.

Pense nisso. Sei que fico totalmente esgotada quando pego trânsito depois de um longo dia de trabalho. Tudo que quero fazer quando chego em casa é me encolher sob a coberta e me esconder do mundo lá fora. Então, depois de alguns minutos de silêncio, estou mais uma vez pronta para ter companhia. Estou preparada para ser um membro útil da sociedade e drasticamente menos inclinada a gritar com os membros da minha família que, depois de diversos anos de inútil treinamento, ainda não descobriram que o chão do banheiro de visita não é o lugar apropriado para jogar a mochila. (Mas estou divagando.)

Nossos maridos estão lá fora no mundo, lidando com pessoas que nem sempre são a companhia mais prazerosa. Eles precisam saber que, embora o mundo possa ser um lugar difícil e cansativo, eles podem contar conosco, suas esposas, para ser aquele lugar aprazível no qual aportar no fim do dia.

### *Diferentes maridos, diferentes necessidades*

Enquanto alguns maridos gostariam de uns poucos minutos de paz quando entram em casa, outros adorariam mais que tudo que você pergunte como foi o dia deles — e, depois, que ouça de fato a resposta.

Alguns maridos querem se conectar com a esposa em seus 30 minutos de transição (diferentes maridos, diferentes necessidades). Ouça como Cheri, supervisora do projeto, usou o tempo de transição do marido para resolver as circunstâncias únicas do casamento deles:

> Minha situação é um pouquinho diferente, pois sou eu quem trabalha em tempo integral na família, e meu marido fica em casa a maioria do tempo.
>
> Portanto, ele, no fim do dia, não está normalmente querendo um tempo sozinho — em geral, já teve bastante tempo sozinho já que nossos filhos estão no Ensino Médio.
>
> Por isso, transformei essa missão em "30 minutos do que é importante para ele agora". Isso significava que *não* dava uma resposta de 30 minutos à amorosa pergunta dele: "Como foi seu dia?" Fazia um resumo de 30 segundos do meu dia e, a seguir, pedia: "Fale-me sobre *seu* dia".
>
> Visto que ele está desempregado há mais de um ano, sei que é importante para ele fazer uma lista de tudo que fez para o bem da família, porque se sente "pouco viril" por não gerar renda para nós. Pessoalmente, eu não me importo coma quantidade de roupa que foi lavada ou quanto tempo levou a compra no supermercado, mas fico feliz por ele ter feito essas coisas.
>
> Depois de 10 a 15 minutos desse tipo de conversa, apenas ficávamos no escritório/estúdio de música dele enquanto ele me mostrava as últimas coisas musicais que estava fazendo. (Isso era difícil para mim, pois não sou o tipo de garota de "ficar à toa" — sou uma pessoa de ação!)

> Ele parecia muito mais feliz do que o habitual no resto da noite, mais conectado, e isso parecia até mesmo deixá-lo mais paciente enquanto ajudava nossa filha com Álgebra II!

Talvez isso exija muito autocontrole de sua parte, mas pergunte e, depois, ouça — ouça de forma ativa e faça perguntas — sem reclamar nem tentar falar mais que ele. Apenas ouça.

*O regresso ao lar — qual é a vibração da sua casa?*

Aqui estão apenas algumas áreas nas quais pensar enquanto contempla o tempo de transição do seu marido. Você tem:

- música clássica de fundo
  ou
- as crianças tocando música em suas panelas?
- o jantar cozinhando devagar em sua panela elétrica
  ou
- você é quem está cozinhando aos poucos porque tem de imaginar o que fazer para o jantar — de novo?
- a luz suave de velas aromáticas ao redor da sala de estar
  ou
- a luz suave da televisão de plasma passando o *Programa da tarde*?

Tente entrar em casa e ver o que você percebe assim que transpõe a porta. Que vibração sua casa transmite? Sua casa a acolhe ou lhe dá um ataque de pânico?

Se isso fizer parecer que o primeiro projeto vai dar trabalho demais, apenas lembre-se, esse pouquinho de atividade é uma dádiva para vocês dois. Fazer algum esforço para trabalhar no tempo de transição de seu marido só tornará sua casa um lugar mais e acolhedor e amoroso para ambos.

Faça disso uma prioridade, para construir esse lugar agradável para ele pousar à noite.

**Oração para hoje**

Querido Deus, ajude-me a deixar de lado hoje a lista de afazeres do meu marido e a focar em quem ele é, não apenas no que ele pode fazer.

**Seja criativa**

Há muitos motivos porque pode não ser fácil para você dar ao seu marido algum tempo de transição no fim do dia. Você precisa verificar o que funciona para *sua* relação. Seja criativa, como nas histórias enumeradas abaixo. Tente, com suas amigas, encontrar ideias até descobrir algo que funcione para você e seu marido.

> "É fisicamente impossível ouvir enquanto sua boca está aberta."
>
> — John Moe, radialista e autor de *Conservatize Me* [Conserve-me]

- Minha amiga, Joann, programou intencionalmente as duas aulas de dança semanais de sua filha para a mesma hora que seu marido chega em casa. Assim, ele chega e encontra a casa vazia, fica um tempo sossegado, e ela encontra um marido mais tranquilo.
- Um marido tem sua oficina na garagem. A esposa estimula-o a ficar ali durante um tempo antes do jantar. (Desde que começou esse sistema, o marido começou a ajudar com a limpeza após o jantar. Excelente benefício colateral.)

- As panelas elétricas são as melhores amigas do projeto. Acerte sua panela elétrica para terminar a comida 30 minutos depois de seu marido chegar em casa do trabalho. Diga-lhe que não precisa de nada até o jantar estar pronto. Você não conhece as receitas para fazer na panela elétrica? Veja, no fim do livro, as receitas na seção *Guia feminino de refeições para maridos.*
- Seu marido já tem uma excelente rotina de transição para quando chega em casa? Encontre algum outro detalhe para abençoar esse tempo. Talvez esse detalhe seja garantir que a televisão esteja disponível, que seu moletom favorito esteja limpo e pronto para ser usado ou que haja um refrigerante gelado à espera dele na geladeira. O detalhe pode ser tão pequeno que talvez ele nem mesmo perceba, e tudo bem — você saberá o que fez.
- E se seu marido trabalha em casa? Talvez a melhor maneira de ajudá-lo a relaxar seja perguntar como ele gostaria que fosse a programação para a noite. Será que ele quer jantar antes ou depois de ter algum tempo para recarregar as baterias? Pergunte-lhe o que deixaria sua noite melhor.

## Relatórios do projeto

"Cumpri a primeira missão de dar ao meu marido 30 minutos de tempo para ele mesmo. Quando lhe disse para fazer algo que o relaxasse durante 30 minutos, ele me olhou perplexo e disse: 'O grupo de mães realmente fez uma lavagem cerebral em você ou algo assim! Qual é a pegadinha?' A seguir, disse a ele que não tinha pegadinha, e ele me olhou perplexo, estranhando minha atitude e disse: 'Sério? Gostaria disso'. Então, ele passou um tempo comprando online alguns livros que queria. Então, correu tudo bem. E foi tão divertido ver a reação dele!" — Christina.

"Em geral meu marido chega em casa em um momento bem confuso do dia para mim e nossos filhos. Chega na hora do jantar, e as crianças estão com fome e irritadas, e eu também já estou exausta. Tentar jantar juntos é a coisa mais difícil para eu administrar, por isso, quando meu marido entra em casa, ele, em geral, encontra todos nós um pouco irritados e corre para ajudar. (Ele cozinha muito melhor que eu.) Hoje, decidi fazer a sopa de antemão, assim, quando ele chegou, a sopa já estava pronta. Pude pôr o foco nele, e ele não se sentiu obrigado a me ajudar a terminar de cozinhar. A atmosfera estava muito mais relaxante, e também planejo usar muito a panela elétrica!" — Dawn.

"Descobri que o que meu marido quer quando chego em casa do trabalho é um pouco de tempo comigo. Por isso, em vez de entrar em casa e ir imediatamente trocar de roupa e ir para o computador ver os e-mails, dedico meu tempo a ele. E sabe o que foi muito fofo? Ele tinha feito as compras no supermercado e queria me mostrar as coisas que comprou e explicar algumas das escolhas que fez. Ele também me mostrou alguns artigos no jornal que achava que podiam me interessar. Vou mudar imediatamente minha rotina de quando chego em casa do trabalho e dar tempo e atenção a meu marido." — RMK

"Tento dar a meu marido alguns minutos de descanso quando ele entra em casa. Ele trabalha o dia todo com crianças, por isso, depois do inicial: 'Papai, papai' quando ele entra em casa, ele vai para algum lugar silencioso para descomprimir e, depois, volta pronto para a loucura da hora do jantar." — Moanie

**Seu plano para o projeto** (*copie seu plano na seção* Planejamento do projeto *no final do livro*)

**Seus resultados** (*a reação dele, a minha reação etc.*)

Projeto 2

# Voltando no tempo

## Faça alguma coisa que ele gostava antes de vocês se casarem

*"Desejar é fácil, amar é difícil. Gostar é o mais importante."*

Carl Reiner

### Seu projeto

Inicie uma atividade que seu marido costumava amar, independentemente de ser o passatempo ou esporte favorito dele, está na hora de você se envolver. Seja a companheira dele hoje.

> Na maioria dos casamentos, nossos maridos nos vê como alguém com quem querem construir uma vida.

A maioria dos maridos não passa muito tempo com os amigos — *você* é a amiga e companheira dele. Ele se casou com você para ter uma amiga e companheira com quem pudesse fazer todas as coisas divertidas. (O fato de que vocês dois possam ter relações sexuais é definitivamente um bônus.)

É vital para os homens construir amizades em sua vida, e temos, como esposas, a responsabilidade de incentivá-los a sair com bons amigos. No entanto, na maioria dos casamentos, nossos maridos nos vê como alguém com quem querem construir uma vida.

Meu marido gosta muito de ir para o mato, acender uma fogueira e fazer churrasco. Sou uma moça mais do tipo mesa posta com toalha branca. Mas sabe de uma coisa, enquanto namorávamos era a "campista" mais feliz da redondeza. Preparava a comida em nosso fogareiro. Comprava bonitas botas de caminhadas. Juntava-me a ele em caminhadas aparentemente intermináveis, rodeada de mosquitos e plantas cheias de espinhos. Enquanto namorávamos, teria caçado um alce selvagem apenas para estar com ele.

"Um passatempo por dia mantém o tédio afastado."
— Phyllis McGinley

Depois que nos casamos, muitas das atividades favoritas do meu marido foram postas em banho-maria. Gostaria de poder dizer que o incentivava a passar um tempo "com os amigos", mas havia uma casa para limpar, crianças para criar e trabalhos a serem feitos. Assistir a todos os seis filmes de *Guerra nas estrelas* e as longas e difíceis viagens para as montanhas teriam de esperar até nossos filhos crescerem.

Está na hora de pensar nessas coisas que seu marido ama fazer com você, sua amiga e companheira. Talvez essas atividades incluam escalar uma montanha, ir à loja de eletrônicos ou assistir ao jogo do seu time. Não importa se você gosta ou não do programa — sua alegria virá de observar o olhar no rosto do seu marido enquanto ele recupera alguns de seus amores há muito esquecidos. (Algum jogo de video game?)

## Oração para hoje

Querido Deus, oro para que meu marido me veja como sua amiga e amante, conforme o Senhor designou que fosse.

## Seja criativa

- Muitos dos passatempos do homem são deixados de lado por causa do casamento. Talvez esteja na hora de você aprender a jogar golfe ou pescar? Não tente ganhar dele, apenas junte-se a ele.
- Talvez a única coisa de que seu marido gostaria mais do que jogar xadrez com você seria ensiná-la como jogar xadrez (ou qualquer atividade em que ele esteja interessado). Peça para que ele lhe ensine algo em que é um especialista (ou que realmente ame). Só sua disposição para aprender já é um imenso incentivo para seu marido.
- Pegue uma revista sobre o passatempo, agora inativo, de seu marido. Faça-lhe perguntas sobre por que ele ama tanto essa atividade. Aprenda alguns termos técnicos para que esteja mais capacitada a conversar sobre o assunto.
- Faça uma pequena pesquisa. Descubra o site definitivo para o assunto predileto de seu marido. Talvez haja um evento na cidade, uma palestra sobre o assunto para ir ou um jogo para assistir.

## Relatórios do projeto

> "Meu marido é diretor de uma escola pública. Ele é ótimo no que faz, mas o trabalho está cobrando seu preço emocional. Temos dois filhos, uma filha de dezesseis anos e um filho de nove anos. Os dois querem a atenção dele, e ele passa muito tempo com eles. Ele também tem uma esposa

que tem sua própria cota de necessidades. Dito isso, ele não tem muito tempo para si mesmo.

Quando planejo algo que sei que ele realmente gosta — uma caminhada em uma trilha bonita, algo que fazíamos muito mais antes de ter filhos — seu rosto se ilumina. Parece que um fardo sai de cima dos ombros dele, e ele começa a olhar mapas e o Google Earth.

Ele mergulha totalmente na aventura que tem diante de si. É divertido ver como ele, de todas as coisas, fica feliz com o pensamento de fazer uma caminhada. Amo agradá-lo dessa maneira." — Sue

"Assistir a esportes na televisão, definitivamente, era algo que meu marido gostava antes de nos casarmos. Os 'encontros' em bares de esportes eram muito comuns durante a temporada de futebol. Agora, dez anos depois, todos os amigos também se tornaram pais e estão ocupados demais para aproveitar o tempo assistindo a jogos fora de casa. Quando passa futebol na televisão em casa, em geral, vou para outra parte da casa em busca de alguma coisa para me manter ocupada por umas duas horas. Nada melhor que sair para fazer compras na hora do campeonato de futebol — as lojas estão vazias! Na última semana, fiquei em casa e assisti ao jogo com meu marido e os meninos. Meu marido, algumas vezes durante o jogo, teve de sair da sala para atender telefonemas de trabalho. Ele, sempre que voltava para a sala, ficava surpreso 1) por ainda encontrar a televisão ligada (em geral, a desligo), 2) pelo canal não ter sido mudado (as crianças em geral põem em desenho animado) e 3) por eu saber a pontuação! Pontos para mim." — SL

"Meu marido costumava mergulhar, mas ele lesionou os ouvidos e não pode mais fazer isso. Perguntei-lhe o que achava de dar uma caminhada comigo e as crianças, e ele *amou* a ideia. Foi uma caminhada de *quatro* horas e bem árdua. Levei nosso bebê nas costas, por motivos de segurança, durante pelo menos uns bons três quartos do tempo.

Meu filho de 11 anos amou cada minuto da caminhada, e levamos bastante comida e água. Todos nós aproveitamos um ótimo tempo ao ar livre e isso é algo que sei que nós, como família, temos de fazer mais." — BB

**Seu plano para o projeto** (*copie seu plano na seção* Planejamento do projeto *no final do livro*)

**Seus resultados** (*a reação dele, a minha reação etc.*)

Projeto 3

# Você é esse homem

## Espalhando detalhes maravilhosos sobre seu marido

*"Não é o que eles dizem a seu respeito, mas o que eles sussurram."*

ERROL FLYNN

### Seu projeto

> Diga algo agradável sobre seu marido para alguém. Certifique-se de dizer a ele o que você disse e a quem disse.

NOSSO MARIDO, POR MAIS CLICHÊ que isso possa soar, quer ser nosso herói. Mais do que saber que os amamos, eles querem saber que os respeitamos. Eles precisam saber que nunca serão o alvo de nossas piadas, que são "o cara" em todas as histórias que contamos.

Crie uma oportunidade hoje para se vangloriar de seu marido para alguém. Não importa que seja uma de suas amigas ou um dos amigos dele, faça com que todos saibam como você é abençoada por estar casada com ele. Eis algumas frases fundamentais que talvez você queira escrever em um cartão para ajudá-la a se lembrar:

- "Tenho tanta sorte de ter um marido que sabe lavar sua própria roupa."

- "Sabe como soube que meu marido realmente me amava? Quando ele conseguiu se lembrar do meu pedido no Starbucks."
- "Simplesmente amo a maneira como ele se relaciona com nossos filhos."
- "Ele faz a melhor lasanha do planeta."

*Pilotando o navio*

A carta de Tiago contém essa advertência sobre o poder da nossa língua: "Tomem também como exemplo os navios; embora sejam tão grandes e impelidos por fortes ventos, são dirigidos por um leme muito pequeno, conforme a vontade do piloto. Semelhantemente, a língua é um pequeno órgão do corpo, mas se vangloria de grandes coisas" (Tiago 3:3-4).

Como esposas, somos com frequência as capitãs do navio, enquanto nossos maridos são o imenso navio. As palavras ditas com amor e para encorajar colaboram muito na edificação de nossos esposos. Mas o oposto também é verdade. Não há nada que determine com tanta rapidez o rumo do dia de meu marido quanto as palavras que digo a ele de manhã.

Não há nada que determine com tanta rapidez o rumo do dia de meu marido quanto as palavras que digo a ele de manhã.

Às vezes nos esquecemos, como esposas, o papel que desempenhamos na vida de nossos maridos. Todas nós nos lembramos daquela frase extraordinária dita pela mãe de Toula, no filme *Casamento grego*: "O homem pode ser o cabeça do casal, mas a mulher é o pescoço. Ela que lhe diz que caminho seguir."

Está certo, não digo a meu marido que caminho seguir, mas influencio como ele navega durante seu dia. Sei que preciso ser especialmente cuidadosa com o meu tom. Às vezes acho que estou sendo espirituosa, quando na verdade estou sendo sarcástica e irônica.

Não basta dizer apenas palavras amáveis e encorajadoras. Eu preciso ter certeza de que as palavras que eu escolher somente edificarão o meu marido, e que jamais irão derrubá-lo.

*Morte ao papai incompetente*

Nosso mundo nos encoraja a definir nosso marido pelo que falta nele. Quer uma prova disso? Basta ligar a televisão. Assista a qualquer canal por mais de dez minutos e é quase certo que vai ver um homem desempenhando o papel de pai incompetente. Você conhece o tipo: a esposa está sempre certa, os filhos não o respeitam, e ele é o motivo de todas as piadas, acompanhado por uma trilha de risadas. Até mesmo seu melhor amigo, o cachorro, acha que ele é um bobão.

Sinto que está na hora de haver uma revolução do homem em nossa geração. Não, é claro que não quero voltar aos tempos em que as mulheres eram amarradas ao fogão por aquele presente de sempre — o colar de pérolas. Mas quero ver um lugar em que seja permitido que os homens sejam homens *e* sejam respeitados por isso.

Meu grito de guerra será: "Morte ao papai incompetente!" Mas... estou divagando.

Está bem, ótimo, então você se vangloriou de seu marido. E agora, o que você vai fazer?

Uma vez que se vangloriou de seu marido, faça-o saber o que você disse e para quem disse. Ele precisa saber que ele é *o* cara em toda história que você conta.

Podemos, com o tom da nossa fala, influenciar muitíssimo nossos amigos. Eis aqui como minha amiga Michelle descreve essa tarefa de não reclamar de seu marido, Rick:

> Amo esse projeto e o pratico há anos, mesmo quando estou irritada com meu marido. Às vezes, ouvir a si mesma apontando as coisas boas da situação lhe dá o poder de mudar sua própria percepção de algo que a irrita — é claro que Rick não é *sempre* irritante.
>
> Outra coisa, acho que as mulheres podem ajudar umas às outras. Quando uma mulher está se queixando do marido, uma queixa leve, que uma amiga não para de repetir, tento encorajá-la com gentileza a ver a bondade naquele homem. Posso dizer algo como: "Bem, é verdade ele gosta de assistir ao futebol, mas veja também como ele está criando laços com seus filhos ao compartilhar algo que eles têm em comum!" Tento encontrar um aspecto reconfortante e "esclarecer" a situação para minha amiga.

Enquanto sua maior necessidade talvez seja ouvir seu marido lhe dizer que a ama, os homens, em sua maioria, são programados de outra forma. Ele quer, em seu âmago, saber que você o respeita. Ele quer saber que você sente orgulho dele e que, se tivesse a chance, o escolheria de novo.

Isso é muito importante também para fortalecê-los como uma equipe. Não existe a possibilidade de que alguém da minha família jamais diga uma palavra contra meu marido. Eles sabem que estou do lado dele, e isso é uma zona livre de falatórios em torno de mim (a menos que sejam sobre quão excelente ele é).

## Oração para hoje

Querido Deus, faça com que as palavras da minha boca e a meditação do meu coração sejam aceitáveis a seus olhos.

## Seja criativa

Quem são as pessoas importantes na vida de seu marido? Os filhos, os pais, os amigos dele? Seja intencional em relação a com quem falar quando se vangloriar dele, isso é quase tão importante quanto de fato fazê-lo.

Você está tendo dificuldade em conseguir alguma coisa? Ainda me vanglorio de meu marido por coisas que ele fez anos atrás. Ele ama quando conto a história de como ele me pediu em casamento de uma forma espetacular (houve cachoeiras e cogumelos recheados envolvidos).

Aqui estão algumas outras áreas para pensar quando elaborar como se vangloriar de seu marido:

- A habilidade dele como pai
- O grau de paciência dele
- A forma como ele trata a mãe
- A habilidade culinária dele
- O trabalho dele
- A lealdade dele a você

## Relatórios do projeto

> "Nesse último Dia dos Namorados, meu marido, Guy, fez coisas maravilhosas para nossos filhos e para mim. Tive a oportunidade de me vangloriar dessas coisas para minha irmã ao telefone, com meu marido bem ali ao meu lado. Se você está se perguntando o que ele fez, ele preparou uma caça ao tesouro para cada um de nossos três filhos. Cada

um deles teve três pistas antes de conseguir seu prêmio, e ele criou cada uma das pistas com rima. As crianças simplesmente *amaram* a brincadeira, e também fiquei muito impressionada. Toda quinta-feira à noite eu e minha filha mais velha nos encontramos, e só voltamos para casa por volta das 21h30. Ele tinha acendido um monte de velas em nosso quarto, deixado maravilhosos cupons para eu usar a fim de ter um tempo sem as crianças, para não fazer o jantar e muito mais. Também houve champanhe, um CD do Julio Iglesias tocando e chocolates. Foi o *melhor* Dia dos Namorados!" — Carolyn

"Há muito tempo (antes de me casar, por incrível que pareça), tomei a decisão de tentar não dizer coisas negativas sobre meu marido a outra pessoa. Ouço muitas esposas se queixarem do marido e percebi que isso não só faz a pessoa que está falando se sentir mal (continuando a pensar coisas negativas), como também o ouvinte (presa no meio do vendaval e sem *nunca* saber a coisa certa a dizer). Admito que não é fácil não me queixar nunca e há momentos em que tudo que quero é desabafar. Mas verdadeiramente me esforço para me ater à regra: 'Se não tem nada de bom a dizer...'" — Becky

"Não tive dificuldade em me vangloriar. Apenas aconteceu no dia da festa de dois anos do meu filho. Todo mundo que estava lá recebeu a notícia da imensa ajuda que meu marido estava me dando para realizar aquela festa." — Michelle

"Está bem, eu tipo que trapaceei nesse projeto. Conversamos sobre esse projeto no Grupo de Mães, então disse para as mulheres à minha mesa: 'Bem, vocês precisam saber isso, meu marido é incrível'. A situação foi um pouco planejada, mas foi absolutamente sincero. Vou continuar trabalhando nessa missão. Quero transformar em um hábito falar, da forma mais natural possível, coisas agradáveis sobre meu marido." — Christina

"Também tento não depreciar meu marido na frente de outras pessoas (ou, no que diz respeito ao assunto, para ele mesmo), mas acho que comecei a ter preguiça de enaltecê--lo. Ele é um homem fabuloso e, essa semana, fiz questão de fazer com que as pessoas soubessem disso. Meu doce marido ficou um pouco sem jeito, mas ficou radiante quando lhe contei o que disse a respeito dele. É ótimo focar nos pontos positivos dele. Isso me lembra da razão por que o amo ainda mais agora do que quando me casei com ele!" — Stacie.

**Seu plano para o projeto** (*copie seu plano na seção* Planejamento do projeto *no final do livro*)

**Seus resultados** (*a reação dele, a minha reação etc.*)

Projeto 4

# Coração *versus* estômago

## Um agrado só para ele

*"Não existe amor mais sincero que o amor pela comida."*

George Bernard Shaw

### Seu projeto

Prepare uma refeição para seu marido que ele não seja obrigado a dividir com você nem com nenhum outro membro da família.

Está na hora de pensar em comida, comida deliciosa.

Ele ama bala macia de menta, por isso procuro essa bala sempre que posso.

Meu marido é doido por bala macia de menta. Ele conheceu essa bala durante sua infância na Flórida (a qual, pelo que sei, foi vivida em grande parte na Walt Disney World) e tem lembranças maravilhosas associadas a ela. A bala em questão é uma pequena pastilha de goma coberta com açúcar, e meu marido é desesperado, inexplicavelmente apaixonado por essa bala e consome quantidades imensas delas.

Essa paixão dele me deixa completamente perplexa. A bala de menta macia tem gosto daquele líquido que seu dentista usa para lavar sua boca depois de uma limpeza dolorosa e completa em seus dentes. Mas ele ama bala macia de menta, por isso procuro essa bala sempre que posso. Às vezes é difícil achá-las, por isso, quando as acho faço um estoque sem que Roger saiba. Quando ele está tendo um momento difícil no trabalho ou quero congratulá-lo por um trabalho bem feito, dou-lhe uma bala.

Existe alguma guloseima pela qual seu marido seja absolutamente apaixonado? Consiga isso para ele, deixe-o saber por meio desse pequeno gesto: “Faço tudo por você, querido.” (E se você realmente não gostar da guloseima, ele não se sentirá obrigado a dividir com você.)

Mesmo que você goste da guloseima, insista que é tudo para ele. Não o deixe dividir com você. Isso é algo especial que não exige que ele tenha que dividir com seu próximo. (É perfeitamente aceitável adquirir uma guloseima igual para você mesma.)

### Oração para hoje

Querido Deus, quero que meu marido saiba que ele é honrado e acarinhado, até mesmo nas pequenas coisas que faço por ele.

### Seja criativa

Está sem ideias? Eis aqui algumas:

- Deixe o sorvete favorito dele prontinho para a noite especial escondido atrás do frango congelado.
- Seu marido gosta de um corte de carne? Que tal pedir para o açougueiro fazer um corte especial apenas para ele?

- Existe algum tipo de doce que seu marido goste desde a infância? Que tal você comprar ou mesmo preparar para ele?.
- A família do meu marido ama um prato chamado "talharim e purê de batatas" (nos referimos amorosamente ao prato como "a festa do amido"). Aprendi a fazer o prato apenas por causa dele.
- Meu marido ama o aroma de algo assando tanto quanto gosta de comer o doce. Prepare alguns *brownies* e deixe no forno para quando ele chegar do trabalho ou da academia. (Sei que isso vai contra a ideia de se exercitar mas chocolate não vale sempre a pena?)
- Nosso amigo Scott mencionou que ele ama calda de amora, mas só come essa delícia no Dia de Ação de Graças. Sua esposa fez a guloseima dessa celebração para ele em julho passado.
- Você é uma esposa especialista em saladas de baixa caloria e outras formas de pratos para nós meninas? Examine a seção *Guia feminino de refeições para maridos* no final deste livro para algumas inspirações masculinas.

## Relatórios do projeto

"Meu marido que sofre de intolerância à lactose ama sorvete de soja (eca!), e ele ficou sem seu sabor favorito que só conseguimos comprar em um determinado mercado no centro. Por isso, hoje farei uma viagem ao mercado do outro lado da cidade para comprar sorvete de soja de chocolate com manteiga de amendoim. E ele pode comer o pote *inteiro*." — Marci

"Hoje combinei de fato dois dias em um. Fui a parceira do meu marido e assisti a um clássimo de futebol com ele. Tinha um pressentimento muito forte de como aquilo terminaria! E estava certa, por isso, depois do jogo saí e comprei um pote do seu sorvete favorito. Isso foi superespecial para ele porque estamos de dieta, e ele não tem comido muitas de suas comidas favoritas. Não tinha certeza de como encaixaria o dia da comida favorita no regime. E funcionou, além de ajudá-lo a aliviar sua dor pela grande perda de nosso time!" — Denise

"Vou passar um fim de semana aprendendo a confeccionar peças de artesanato, então pensei que poderia deixar uma das guloseimas favoritas do meu marido para ele e deixar alguns bilhetes amorosos pela casa para que ele os encontre enquanto estou fora." — SB

"Pus a barra de chocolate escuro que ele comprou para o Natal em um lugar especial no refrigerador e disse a ele que o chocolate estava ali e que eu não comeria nem um pedaço. Ele é do tipo que vai comer apenas um pedacinho do chocolate e fazê-lo durar um tempão. Eu devoraria o chocolate agora mesmo!" — RMK

**Seu plano para o projeto** (*copie seu plano na seção* Planejamento do projeto *no final do livro*)

**Seus resultados** (*a reação dele, a minha reação etc.*)

Projeto 5

# E-flerte.com

## Escreva um texto ou e-mail doce sobre nada em especial

*"Liguei meu computador. Esperei pacientemente enquanto ele conectava. Estou online. Prendo o ar no peito até ouvir as três palavrinhas: 'Você tem e-mail'. Não ouço nada, nem um som nas ruas de Nova York. Apenas a batida do meu coração... Recebi mensagem, de você."*

MEG RYAN COMO KATHLEEN KELLY NO FILME *MENSAGEM PARA VOCÊ*

### Seu projeto

Mande um bilhete ou e-mail de paquera para seu marido.

LEMBRO-ME DE COMO FICAVA DESESPERADA por um telefonema, uma mensagem ou um e-mail de Roger quando começamos a namorar. Vivíamos a mais de 200 quilômetros de distância um do outro e, uma vez que ambos éramos pais solteiros, nossa comunicação de segunda a sexta-feira era sempre via telefone. Não via a hora do nome dele aparecer na pequena tela do celular. Meu coração parava só de pensar que ele estava em algum lugar, pensando em mim e querendo estar comigo.

Então a vida real aconteceu. Casamo-nos, e nossas famílias passaram a morar juntas, e tínhamos filhos para criar, hipoteca para pagar, roupa lavada para guardar e lasanha para assar. Houve um ponto em que nosso coração não tinha ânimo para uma valsa, muito menos para um mambo.

Vários meses depois de nos casarmos, percebi que o fato de ver meu marido todos os dias não era motivo para que eu desistisse de deixá-lo saber que eu pensava nele. Foi aí que a enxurrada de mensagens de flerte começou a fluir para lá e para cá e começamos a nos divertir.

Mandei uma mensagem numa terça-feira de manhã, apenas dizendo que já estava com saudades dele e mal podia esperar para vê-lo na hora do jantar. Recebi uma resposta extraordinariamente rápida, dizendo que ele sentia e desejava o mesmo.

> Talvez esteja na hora de trazer de volta um pouco desse mimo verbal ao relacionamento.

Sucesso.

Talvez esteja na hora, como aconteceu conosco, de trazer de volta um pouco desse mimo verbal ao relacionamento.

Mande uma mensagem ou e-mail de flerte para seu marido hoje. Diga-lhe que mal consegue esperar para vê-lo esta noite — que está contando os minutos para encontrá-lo. Um pouco exagerado? Aposto que ele não vai achar.

Se você for do flerte para o levemente sensual (o que, por sinal, recomendo muitíssimo) certifique-se de mandar para o e-mail ou celular particular dele. Você não quer que a empresa dele saiba quão pouco você estará vestindo hoje à noite, não é mesmo?

## Oração para hoje

Querido Deus, que meu marido tenha a certeza de que é o único homem para mim e que o Senhor nos designou para ficarmos juntos.

## Seja criativa

- Use um serviço de cartões para enviar uma mensagem fofa de flerte.
- Não sabe como enviar um no cartão on-line? Pergunte a qualquer adolescente na vizinhança.
- A maioria dos celulares tem o recurso de câmera por meio do qual você pode enviar uma mensagem fotográfica.

## Relatórios do projeto

"Não achei de fato que isso funcionaria. Meu marido não iria mesmo saber ler uma mensagem de texto e raramente checa seus e-mails. Mas brigamos no último fim de semana, e não fui nada agradável. Então, mandei um cartão on-line pedindo desculpas e dizendo que o amava. No dia seguinte ao que enviei a mensagem, acabamos nos encontrando para almoçar. Eu não disse uma palavra sobre o cartão. Quando estávamos saindo, nos aproximamos primeiro do carro dele, e ele entrou. Inclinei-me para lhe dar um beijo, e ele tinha um bonito sorriso de menino no rosto e disse: 'Obrigado pelo cartão.' Aquele olhar valia um milhão de dólares." — RMK

"Hoje, na hora do meu intervalo no trabalho, mandei uma mensagem para ele. Foi um bilhete doce e sexy. Ele ficou mais chocado com o fato de eu mandar uma mensagem para ele que com o fato de eu fazer avanços sensuais! Acho que ele gostou do flerte, mas tudo que ele disse foi que o deixara exausto na noite passada (tinha feito o projeto bônus na noite anterior). Ele estava brincando, mas acho que falou meio sério." — SB

"Tinha enviado uma mensagem para ele no dia anterior, mas como correu tudo bem daquela vez decidi enviar de novo. Ele amou a conversa e o bilhete especial só para ele." — LJ

"Em geral, telefonemas ou mensagens vindas de casa envolvem: 'Que horas você vai sair do trabalho hoje? Você pode passar no supermercado...'; ou: 'Seu filho fez isso hoje. Você precisa ter uma conversa com ele quando chegar em casa!' Por isso, não estava muito entusiasmada em telefonar ou mandar uma mensagem para meu marido durante o horário de trabalho, se pudesse evitar isso. Quero dar uma folga para ele de tudo isso durante esse projeto de 21 dias. Minha decisão de não incomodá-lo durante o trabalho resultou em ele me telefonar *apenas porque...* Que mudança deliciosa!" — SL

"Algumas semanas atrás, meu marido, Bill, estava no Japão. Ele me mandou um e-mail em que achei engraçado algo que ele disse, embora o que ele disse não fosse engraçado. Mas apenas senti que Deus falou comigo e disse: 'Flerte com seu marido, ele precisa disso'. Não flertava com ele desde que nos casamos, provavelmente. Mas, ó, foi divertido, fez com que me sentisse jovem de novo. Ele nunca disse nada, mas tenho certeza que o flerte o fez sorrir. Vou continuar com isso." — PGK

**Seu plano para o projeto** (*copie seu plano na seção* Planejamento do projeto *no final do livro*)

**Seus resultados** (*a reação dele, a minha reação etc.*)

Projeto 6

# Uma pequena atenção com as mãos

## Suprindo as necessidades físicas (de toque) de seu marido

*"Quando você toca um corpo, toca a pessoa toda, o intelecto, o espírito e as emoções."*

JANE HARRINGTON

### Seu projeto

Faça algo para ajudar seu marido a desfrutar o toque físico. Encontre algo para ajudá-lo a relaxar. Travesseiros novos, loções de massagem, massagem nas costas... você escolhe. Faça algo que ambos gostem

O QUE SEU MARIDO considera relaxante?

Eis o projeto no qual você tem de escolher entre a tailandesa, a indiana e a marroquina, aprender sobre escolher e misturar óleos e sobre afundar o cotovelo na técnica de amassar. Não, nada disso, não se trata de assistir um a programa de culinária juntos. É tudo sobre massagem.

Lembra-se como era difícil enquanto namoravam ficar com as mãos longe um do outro? Felizmente, Roger e eu tínhamos excelentes acompanhantes (quatro filhos adolescentes) enquanto namorávamos. Lembro-me de pensar: "Mal posso esperar para nos casarmos para que possamos ficar de fato sozinhos e nos abraçarmos, nos beijarmos e..."

No entanto, após alguns poucos anos de casados pareço ter desenvolvido um excelente autocontrole.

Se tivesse de escolher uma linguagem amorosa para meu marido, seria definitivamente o toque físico. Ele ama a sensação das minhas mãos na parte de trás do seu pescoço e praticamente senta-se torto e fica ofegante se ofereço para coçar suas costas.

*Má articulação corporal*

Isso é um desafio para mim. Nunca fui muito uma garota tátil. Sabe, cresci com pais que me amavam, mas não eram fisicamente afetuosos. Minha mãe, que cresceu em uma família alemã rígida, teve de aprender como abraçar. ("Está bem, mamãe, quando eu ponho os braços em torno de você, esse seria o momento de você pôr seus braços em torno de mim...")

Isso apenas não fazia parte do meu modo de ser. Mas sabendo que isso era importante para Roger, sabia que tinha que ser importante para mim também. Uma vez que me casei, estudei livros de massagem, e não economizei comprando produtos específicos para a massagem em si e me certifiquei de que o toque se tornasse uma parte importante da nossa rotina noturna.

Para a maioria dos homens, o toque é vital para relaxar.

Para a maioria dos homens, o toque é vital para relaxar. Entendo se essa área não for natural para você. Deixe-me recomendar um excelente livro que tem me ajudado, *A Bíblia da massagem*, de Susan Mumford. Esse livro é apenas bastante fácil para iniciantes, mas também é um dos livros de massagem que não choca, não causa horror nem embaraço se sua sogra o vir em uma visita. As imagens são claras além de, em geral, permitida para menores.

E sim, claro que sei ao que a massagem leva. Apenas combine esse projeto com um dos projetos bônus.

*Será que o seu marido é do tipo "não me toque"?*

Então ele não é adepto da massagem? Tudo bem, há muitas outras maneiras de satisfazer as necessidades físicas de seu marido.

Há alguma coisa que incomode fisicamente seu marido? Talvez sejam os grânulos nos travesseiros da sua cama, a falta de uma manta aconchegante no sofá ou uma etiqueta na camisa dele que arranha o pescoço. Pense em uma forma de acrescentar um pouco de conforto ao dia dele. Realize uma "etiquetomia" na camisa dele, substitua os travesseiros ou ponha uma manta macia e gostosa ao alcance do lugar favorito dele na sala de estar.

> Pense em uma forma de acrescentar um pouco de conforto ao dia dele.

*Fiquemos adeptas do contato físico*

Pegue as pistas de seu marido. Se você sabe que ele anseia por seu toque, procure pequenas formas de incorporar o toque em seu dia. Talvez uma mão sobre o joelho dele enquanto ele está guiando, seu braço casualmente em volta da cintura dele enquanto você conversa com suas amigas após o culto ou se aconchegar perto dele enquanto assistem a tevê juntos.

## Oração para hoje

Querido Deus, ajude-me a sair da minha zona de conforto e a amar meu marido de uma forma que satisfaça suas necessidades.

## Seja criativa

- Fico muito mais inspirada para fazer esse projeto quando compro uma nova loção ou óleo para massagem. Vá ao shopping e compre um vidro de "inspiração".
- Compre lençóis novos luxuosos. Independentemente se são de seda, de bambu ou de flanela, compre o lençol da melhor qualidade que puder pagar. Transforme sua cama em um casulo no qual vocês dois possam se aninhar e do qual não queiram sair.
- As pessoas demoram tempo demais para substituir os travesseiros. Dê uma examinada nos seus. Eles transmitem requinte ou estão murchos? Estão com grânulos e sem vida? Talvez esteja na hora de deitar sua cabeça sobre algo novo.
- Você se sente frustrada porque sabe que seu marido gostaria de uma massagem mas você não sabe como fazê-la? Você pode arrumar um livro ou, melhor ainda, peça que ele lhe mostre o que seria melhor. Não há nada melhor que um pouco de participação ativa no aprendizado.

## Relatórios do projeto

"Se há uma coisa que deixa meu marido de joelhos e é acompanhada de um longo *hummmm* é um pouco de massagem. (Não era o que você esperava, certo?) Meu marido ama quando uso algum creme bom e grudento (a manteiga de karité é maravilhosa) e massageio suas mãos e antebraços. Ele fica no céu durante uns três segundos e, quando acabo, ele está praticamente entregue. (E se estiver se perguntando, aviso que essa massagem raramente leva a outra coisa, porque quando acabo a massagem ele já está meio adormecido.)" — Teresa

"Quando estávamos namorando, costumava fazer massagem nos pés do meu marido com regularidade. Ele vivia dizendo: 'Quando casarmos, isso vai acabar'. Ele estava certo, não acabou logo depois de nos casarmos, mas cerca de um ano depois — as massagens passaram a ser poucas e com grande intervalo entre elas. Acho que está na hora de fazer uma longa e gostosa sessão de massagem nele! Acho que vou acrescentar a massagem na minha programação semanal." — Denise

"Nos últimos seis meses dormimos com lençóis inadequados, portanto, comprar lençóis novos não era apenas o que precisávamos, mas foi bem na hora certa para esse projeto. Deixe-me lhe dizer como foi maravilhoso para nós dois escorregar em lençóis de algodão egípcio. Sim, foi *maravilhoso*. Você entende meu ponto. Está bem, esse projeto funcionou para nós dois." — Penny

"Amo isso. Não sendo eu mesma o tipo de pessoa de 'toque', percebo que essa é uma área que (de maneira egoista?) negligenciei. Acontece que tenho alguns óleos e cremes que sobraram da última vez em que me inspirei. Tenho que tirar o pó do vidro de óleo, tomar um banho e convidar meu parceiro para ir para a cama..." — Angie

"Meu marido sofre de sinusite. Por isso, quando estávamos relaxados, fiz ele deitar a cabeça no meu colo e a massageei." — LJ

**Seu plano para o projeto** (*copie seu plano na seção* Planejamento do projeto *no final do livro*)

**Seus resultados** (*a reação dele, a minha reação etc.*)

Projeto 7

# A esposa ganhadora de um troféu

## Linda e maravilhoooooooosa para seu marido

Miranda Priestly: *"Você não tem a mínima noção do que é moda."*
Andy Sachs: *"Acho que depende..."*
Miranda Priestly: *"Não, não, essa não era uma pergunta."*
O DIABO VESTE PRADA

### Seu projeto

Faça algo para ficar maravilhosa para seu marido. Pode ser se vestir bem, fazer o cabelo ou se maquiar.

OS MARIDOS, EM SUA GRANDE MAIORIA, são criaturas visuais. Eles amam sentir orgulho da aparência da esposa. Será que pode ser (apenas talvez, por favor, não entenda isso como uma ofensa) que você não esteja se esforçando para ficar com a melhor aparência possível como fazia antes de se casar? Você se arruma toda para jantar fora com as amigas, mas usa a mesma camiseta velha para ir ao supermercado com seu marido?

Eu sei, eu sei, a vida é atribulada, você tem mil coisas para fazer todos os dias e não precisa parecer uma Barbie toda vez que vai até a mercearia com seu marido.

O problema é que nossos maridos querem sentir orgulho de nós. Pentear o cabelo, vestir um jeans bonito, em vez do moletom extremamente confortável (leia-se: feio) ou até mesmo apenas passar batom mostra que você se importa e também está pensando nas necessidades dele. Da próxima vez que vocês saírem juntos, faça um esforço extra em uma área que sabe que é importante para seu marido.

Esse é um desafio especialmente difícil para mim. Não sou do tipo "dondoca", mas também não sou chegada em atividades masculinas. Simplesmente nunca frequentei lojinhas à procura do par perfeito de brincos que sabia que mudaria minha vida. O rosto, para algumas de minhas amigas, é uma tela em branco e a loja com produtos de maquiagem, um local com suprimentos para pintura. Para mim, a maquiagem é mais um mal necessário que um deleite.

O conforto sempre reinou supremo em minha vida, de modo que pensar em colocar meu corpo verticalmente em cima de um par de sapatos com saltos assassinos de dez centímetros era tão estranho quanto andar sobre um par de pernas de pau circense.

Ou seja, era assim até começar a namorar Roger.

De repente, passei a dedicar uma quantidade desproporcional de tempo e dinheiro no balcão dos produtos de beleza. Saltos altos (e uma generosa dose de analgésicos) passaram a ser minha companhia constante. Sabia que ele gostava quando me arrumava e queria deixá-lo feliz.

E, então, nos casamos.

Oh, é claro, mantive a arrumação por alguns meses (uma lua de mel fashion). Usava camisolas atraentes para dormir, certificava-me de que meu cabelo estava bonito quando saíamos para jantar e, todos os dias, me maquiava com esmero. Mas à medida que Roger e eu entramos em uma rotina agradável, voltei para minhas roupas confortáveis. Portanto, agora estou mais uma vez focada em garantir que minha aparência seja a melhor possível com o que Deus me deu. Ainda uso moletons, mas eles são graciosos, confortáveis e novos.

Recentemente, passei meu guarda-roupa a limpo e dei carta branca ao Roger para dizer o que manteria e o que doaria. Estou agora reduzida a uma pequena parte do guarda-roupa, mas cada peça de roupa que está ali tem duas coisas:

1. É uma roupa na qual me sinto maravilhosa

2. É uma roupa na qual meu marido acha que fico maravilhosa

> Estou [...] focada em garantir que minha aparência seja a melhor possível com o que Deus me deu.

Essa atitude me deu muita liberdade na escolha da roupa. Troquei aquela quantidade imensa de cabides e mais cabides de roupa, mas sem ter nada para vestir, por umas poucas peças que amo absolutamente. Vestir-me de manhã passou a ser muito mais um deleite do que uma tarefa.

Se o moletom é seu uniforme não oficial, como o é para muitas mulheres hoje em dia, certifique-se que o foco central do seu guarda-roupa não sejam apenas roupas herdadas do seu marido. (Se eles não os está usando, tenho certeza de que ele não quer vê-la usando essas roupas confortáveis dele.)

Esse não é um decreto para começar a andar de sapatos com plataforma quando seu principal trabalho é ficar atrás do seu filho que engatinha. Esse é um incentivo para ser o melhor que pode, independentemente de onde Deus a pôs na vida. E, por favor, certifique-se que pelo menos algumas de suas roupas são mais novas que seus filhos.

*Se você é uma fashionista*

Talvez você seja uma daquelas garotas que cresceram com um pincel de blush em uma mão e um modelador de cabelo na outra. Ter uma aparência bonita não é apenas uma prioridade para você — é um estilo de vida.

Apenas se certifique de que leva em consideração o que seu marido gosta e o que não gosta. Tenho uma amiga, Kristen, que tinha paixão por qualquer coisa com estampa de pele de leopardo — blusas, jaquetas, brincos — e mais, tinha a personalidade para usar essas coisas. Ela sempre parecia elegante e apropriada, mas ao mesmo tempo era alguém que você pediria para andar ao seu lado em uma festa de despedida de solteira de uma amiga.

Quando ela chegou nesse dia do projeto, ela perguntou ao marido sobre a estampa de leopardo. Depois de ele tentar habilmente evitar a pergunta, a verdade veio à tona. Mark odiava a estampa.

— Não conseguia acreditar. Dez anos e ele nunca me disse nada — Kristen chorava enquanto explicava a cena. — Dez anos e ele secretamente odiava a minha aparência.

Assegurei-lhe que ele não odiava sua aparência, talvez apenas uma ou duas blusas. Kristen, depois se sarar da ferroada da rejeição, decidiu reduzir a aparência de "reino selvagem". Ela percebeu que tinha entrado em uma rotina de moda tão enraizada quanto algumas mulheres que sempre usam preto e começou a explorar algumas novas opções um pouco menos inspiradas em selva. Além disso, Mark parece ter percebido essa nova atitude dela e a tem elogiado um pouco mais de bom grado ultimamente.

Por fim, minha última sugestão é acelerar o ritmo, orar muito e, depois, perguntar a seu marido do que ele gosta — e, daí, ouça-o. Tenha algumas peças de roupa em seu guarda-roupa, pronta para ser usada, que agradem a ambos.

## Oração para hoje

Querido Deus, ajude-me a me ver através dos olhos do meu marido. Ajude-me a ser criativa e me divertir de modo que nós dois tenhamos prazer com minha aparência.

## Seja criativa

- Reserve dez minutos e ponha lado a lado três roupas nas quais você sabe que fica sensual. Se não tiver nenhuma roupa assim, então talvez esteja na hora de reservar duas horas para ir ao shopping com uma amiga confiável a fim de encontrar algumas roupas que a deixem sensual. Pendure as calças, as blusas e os acessórios juntos no mesmo cabide para ter três modelitos atraentes para a próxima vez que for jantar fora.
- Toda garota precisa de jeans bonitos — um daqueles maravilhosos que caem bem e ficam surpreendentes com um par de sapatos ou botas de saltos altos. Certifique-se que seus jeans estão limpos e prontos para serem usados a qualquer momento.
- Se essa for uma área em que você tem dificuldade, talvez esteja na hora de fazer um pouco de pesquisa. Faça sua lição de casa assistindo a programas de moda na televisão. Por favor, entenda — não estou dizendo que você tem que gastar um monte de dinheiro. Hoje você encontra roupas bonitas em lojas mais baratas. Você precisa apenas ter tempo para encontrar a roupa certa e a aparência certa para *você.*

## Relatórios do projeto

"Meu marido ama quando me arrumo. Em geral me arrumo, mas na última semana não estava me sentindo bem e parecia de fato que estava nas últimas, exausta. Quando voltei a me arrumar, ele percebeu imediatamente a mudança. Tenho uma calça cinza justa que ele ama de forma especial. Quando a uso, em geral recebo uma palmadinha no traseiro — do meu marido, é claro." — Becca

"Há muito tempo atrás, um pregador me contou uma história de uma esposa que, apesar de ocupada, sempre tentava se arrumar logo antes de o marido chegar em casa e o saudava calorosamente assim que ele entrava. Bem, tento fazer isso todos os dias para meu marido. Às vezes, até saio e vou até o carro dar um beijo nele, o que faz com que os vizinhos gritem de vez em quando para nós: 'Ei, vão para o quarto!' Ele gosta disso!" — LE

"Estou tão orgulhosa comigo mesma. Vinha parecendo especialmente molambenta desde que peguei o trabalho na escola para tomar conta das crianças no intervalo do almoço. Durante uma hora por dia tomo conta das 'minhas crianças' e preciso estar confortável e preparada para todo tipo de clima, uma vez que ficamos ao ar livre, a não ser que chova. Meu marido não disse nada logo de início, mas decidi que precisava de moletons que combinassem e até mesmo que parecessem um conjunto para o caso de encontrá-lo para um almoço tardio. Mal posso acreditar na reação desde que fui fazer umas compras no supermercado na última semana. Meu marido notou a roupa, elogiou e me deu o antigo uivo de lobo." — Angie

"Estar com boa aparência sempre foi um desejo meu — uma maravilhosa professora particular plantou essa ideia na minha mente. Ela dizia que quando você se sentir péssima deve vestir o seu melhor, e nunca mais me esqueci desse pequeno conselho." — Pam

"Você tem certeza que não está escrevendo essas coisas só para mim? Oscilo muito, como as ondas do mar, quando se trata da aparência. Neste momento, estou na maré baixa. Detesto comprar roupa e realmente não tenho muitas preferências quando se trata de roupa — bem, que seja confortável, mas nada além disso, em especial quando ganho algum peso. É melhor eu perguntar ao meu marido que roupa ele gosta mais e, depois, uso o dinheiro que ganhei de aniversário dos nossos pais para comprar alguma roupa sensual!" — Sheri

**Seu plano para o projeto** (*copie seu plano na seção* Planejamento do projeto *no final do livro*)

**Seus resultados** (*a reação dele, a minha reação etc.*)

Projeto bônus 1

# Sexo

## Fazendo a lição de casa

*"As mulheres precisam de um motivo para ter relação sexual. Os homens precisam apenas de um lugar para isso."*

Billy Crystal

### Seu projeto bônus

Pegue um livro para pesquisar um pouco o que seu marido precisa quando se trata de sexo.

Meninas, está na hora de falar de sexo.

Seu marido precisa e quer ter relações sexuais, possivelmente (e é bem provável) mais que você. Se um homem acredita que é desejável para você, o amor da vida dele, as outras áreas em que ele possa ter dificuldades (trabalho, paternidade, jogo de golfe) parecem, de alguma maneira, mais administráveis.

> Faça-o saber que você o acha desejável.

Uma vez por semana em *21 dias para ter um casamento maravi-*

*lhoso* é sua vez de iniciar a relação sexual. Para algumas de vocês, isso está muito além de sua zona de conforto. Faça o que puder. Se isso significar se aconchegar nele, faça isso. A ideia aqui é dar o primeiro passo e ser receptiva e carinhosa.

Algumas de vocês podem ter um problema diferente. Talvez seu marido não tenha sido tão interessado nos últimos tempos — ele pode estar estressado ou lutando em outras áreas. O ponto é não forçar nem transformar a relação sexual em outro evento estressante da vida; apenas faça-o saber que você o acha desejável. Não pressione.

Pela minha experiência, é melhor "fazer seu movimento" no começo da semana de modo que se surgirem coisas (ele ter de trabalhar até tarde, filhos doentes), você ainda tem algum tempo para verificar a sua lista.

## Oração para hoje

Querido Deus, quero que meu marido se sinta amado em todas as áreas de sua vida. Ajude-me a saber como amá-lo melhor sexualmente, com sua orientação.

## Seja criativa

Encorajo-a, na preparação para sua noite romântica, a pegar um livro sobre o assunto. Deixe o livro inspirá-la, caso as coisas fiquem um pouco previsíveis (ou absolutamente não existentes). Dois dos meus livros favoritos, ambos do dr. Kevin Leman, são *O sexo começa na cozinha* e *Entre lençóis*. Também recomendo *Red-Hot Monogamy* [Monogamia efervescente], de Bill e Pam Farrel.

## Relatórios do projeto

"Está bem, fui à livraria, pesquisei um pouco, e ele estava muito feliz! Iniciei o projeto no começo da semana porque achei que levaria a semana toda. Bem, não levou. Ele ficou tão feliz, que na noite seguinte me ajudou a pôr as crianças para dormir a fim de que pudéssemos ir para nossa cama ainda mais depressa. Ele me perguntou: 'Onde eu acertei?' " — Strawberry

"Li recentemente *Entre lençóis* e achei o livro maravilhoso. Todo casal devia lê-lo. É o primeiro livro cristão sobre casamento e relação sexual que é real e não foge das questões. Ele é muito inspirador!" — Christina

"Outro livro excelente sobre o assunto é *Love Life for Every Married Couple* [Vida de amor para todos os casais], do dr. Ed Wheat e Gloria Oakes Perkins." — Paula

"Mandei uma mensagem de flerte, mas tenho de ter cuidado porque acabamos de ter um filho e ainda não temos permissão para ter relações sexuais. Por isso, guardei o namoro de bônus para daqui algumas semanas e tentar não deixar o motor de ninguém aquecido demais nesse meio tempo." — MM

**Seu plano para o projeto** (*copie seu plano na seção* Planejamento do projeto *no final do livro*)

**Seus resultados** (*a reação dele, a minha reação etc.*)

# Segunda semana de projetos

## Projeto 8

# Enfim sós

## Um mimo especial em um local especial

*"Parece-me que nossas três necessidades básicas — alimento, segurança e amor — estão tão misturadas e entrelaçadas que não conseguimos pensar em uma delas sem as outras... há uma comunhão que vai além de nosso corpo quando o pão é partido e o vinho bebido."*

M. F. K. Fisher, *The Art of Eating*

### Seu projeto

Cozinhe para ele e deixe o local divertido. Verdade, isso é tudo que esse projeto exige.

Trata-se mais uma vez de comida, mas dessa vez tudo gira em torno do cenário.

Na nossa cultura, o alimento está naturalmente ligado à celebração. Se alguém é promovido, faz aniversário ou até mesmo tira uma nota A em algum exame, as primeiras palavras que saem da nossa boca, com frequência, são: "Vamos comemorar! Onde você quer comer?"

Não estou dizendo que esse é o melhor plano (principalmente se você é igual a mim, e como muitas pessoas, você ou o seu marido têm problema de peso), mas é uma realidade.

Muitas das minhas lembranças favoritas com Roger estão ligadas à comida. Quando me pediu em casamento, ele fez a pergunta depois de grelhar cogumelos Portobello recheados na churrasqueira. Em um de nossos primeiros encontros, ele me levou, no meio do inverno, a um restaurante mexicano maravilhoso, e comemos tapas sentados ao lado da lareira crepitante. Nessa última noite de Natal, fizemos um piquenique com nossos filhos no carpete no meio da sala de estar, e nossa refeição especial foi regada a pizza, *fondue* e tangerinas. Apesar de a comida ser importante, o lugar é o que tornou a experiência memorável.

Por isso, dessa vez, em vez de focar apenas o cardápio, pense em transformar a refeição em um pequeno evento.

*Um tipo diferente de* drive-thru

Uma árvore caiu no meu carro.

É isso mesmo, você leu direitinho.

Sou abençoada por viver no norte da Califórnia onde usamos nossas roupas de inverno se há um leve frio no ar, e a única neve que vemos é quando alguém se esquece de usar o shampoo anticaspa.

> Em vez de focar apenas no cardápio nesse momento, pense em transformar a refeição em um pequeno evento.

Portanto, foi algo fora do comum quando a tempestade atingiu a cidade. Houve, conforme relatado no noticiário, falta de energia em toda a cidade, as estradas ficaram cheias de para-choques tortos, e a cafeteria na nossa esquina fechou as portas.

É óbvio que era uma situação desesperadora.

Quando cheguei em casa, após meu compromisso de palestra da manhã, estacionei meu carro e corri para dentro de casa desesperada para me secar e aquecer.

Subi as escadas para nosso quarto, onde meu marido estava trabalhando em sua escrivaninha. Nem cinco minutos depois de eu trocar de roupa, Roger e eu ouvimos um *estalo* altíssimo e olhamos com horror e espanto enquanto nosso gigantesco carvalho decidia fixar residência em cima do meu carro.

Tudo que pudemos fazer era assistir, rir e agradecer a Deus pelo fato de não ter ninguém no carro na hora do acidente.

Desde então, tenho rodado a cidade em uma série de carros alugados até o meu estar funcionando de novo. Testei todos os tipos de carro — híbridos, supercompactos, com tração nas quatro rodas e sedãs.

Até ontem. Ontem, a agência de aluguel de carro já não tinha mais os carros pequenos que estava alugando para economizar dinheiro e me perguntaram se, por poucos dólares a mais, eu não gostaria de melhorar de categoria e alugar um carro mais bonito que estava disponível naquele momento... um modelo atual de Mercedes-Benz E-Class preto.

Hummm... está bem.

Eu sabia que, para ficar com aquele carro, tinha de mudar nossa atividade de ficar em casa e transformar essa oportunidade em um encontro noturno fora da cidade. Você não gostaria que um carro como esse fosse desperdiçado, não é mesmo?

Roger e eu usamos um cartão de presente para comprar dois cafés com leite no *drive-thru* da cafeteria e, depois, fomos de carro até as montanhas, bebericando nossa bebida e aproveitando o cenário e a companhia. Um encontro perfeito — tudo pelo pequeno valor pago a mais por esse maravilhoso carro alugado.

Tinha alguma coisa muito divertida e aventureira a respeito daquele carro que transformou aquele café com leite trivial em uma lembrança que vai durar a vida toda.

*Um cantinho aconchegante em casa*

Um lugar favorito em nossa casa é a churrasqueira em nosso minúsculo pátio de trás. Em um dos armários da cozinha, guardo nosso suprimento de *marshmallows*, biscoitos *cream craker* e barras de chocolate, tudo fica bem escondido, bem no fundo do armário, para que ninguém os coma. Embora os sanduíches de *marshmallow* com biscoito *cream cracker* e chocolate sejam os favoritos da família, Roger e eu também amamos tomar café e chocolate quente enquanto conversamos.

*Local mais atmosfera*

Pense em outras maneiras para transformar seu agrado em um momento memorável. Tenho uma lista de músicas que sei que são as favoritas do meu marido. Embora nunca pensasse em fazer uma lista que incluísse Jars of Clay, James Taylor e a trilha sonora do filme *Shrek*, sei que essas músicas deixam meu marido feliz.

Talvez usar uma antena de satélite portátil para assistir à partida de futebol dentro do carro ou, em uma manhã de sábado, ir à cafeteria favorita dele e ler o jornal com ele. Bolinhos na cama? Qualquer coisa que seja divertida para ele deve estar em seu plano para o projeto.

**Oração para hoje**

Querido Deus, ensine-me a criar lugares de celebração — não importa que sejam pequenos — dentro e fora da minha casa que façam meu marido se sentir amado.

## Seja criativa

Não é necessária muita pompa aqui. Se ele simplesmente gosta de comer pipoca assistindo à tevê, tudo bem. Eis algumas outras ideias.

- Se ele gosta de sair, que tal jantar nos fundos da casa? Tenho uma amiga que não tem mobília de jardim, então ela realmente arrasta sua mesa de café de madeira e cadeiras para fora. Não se trata de recursos, mas sim de criatividade.
- Uma coisa que nossa família faz em diversas ocasiões, em especial quando as crianças eram pequenas, era fazer piquenique no carpete. Espalhem alguns acolchoados, assistam a um filme e desfrutem um tempo delicioso em casa. (Essa não seria uma boa noite para servir sopa.)
- Embrulhe um dos petiscos favoritos dele para uma longa viagem.
- Para um encontro mais adulto, que tal um banho de chuveiro ou de banheira com chocolates?

## Relatórios do projeto

> "Vou deixar meu marido perplexo e levantar na mesma hora que ele (4h30 da manhã), passar café e trazer uma xícara para ele enquanto está no chuveiro. Ele vai ter certeza de que há algo diferente acontecendo!" — SH

> "Hummm, delicioso! Fiz a receita favorita do meu marido — frango com catupiry. Seu lugar favorito para comer é à mesa com nossa família, então mantive o local tradicional (você tem que trabalhar com o que funciona para a personalidade/preferências do seu marido). Quando o tempo permitir, posso tentar fazer um piquenique." — Karmyn

"Sim, é verdade tudo se refere a lugar, lugar, lugar. Nosso local favorito é na varanda da frente. Quer seja um almoço piquenique com pratos de papel quer seja um jantar sentados à mesa (com a mesa de jogos coberta com uma toalha e pratos "de verdade"), temos muitas lembranças maravilhosas de comer/relaxar em nossa sala de estar ao ar livre." — Sherry

"Estávamos na casa da minha mãe no feriado de Ação de Graças. Levei o café da manhã na cama para ele junto com toda a família. Todos nós nos sentamos à cama por uma hora comendo nossos cereais com leite, café e bananas e assistindo a desenho animado. Ele amou a diversão e disse que era melhor que voltar à época em que éramos só nós dois." — Strawberry

"Vou arrumar uma mesa especial de almoço na sala dos funcionários do trabalho dele. Comida, velas, toalha de mesa e guardanapos. Espero que ele reaja melhor do que reagiu ao café da manhã na cama." — Lynette

**Seu plano para o projeto** (*copie seu plano na seção* Planejamento do projeto *no final do livro*)

**Seus resultados** (*a reação dele, a minha reação etc.*)

Projeto 9

# E lá vamos nós

## Trabalhando juntos

*"Juntar-se é um início; permanecer juntos é progresso; trabalhar juntos é sucesso."*

HENRY FORD

### Seu projeto

Hoje, o projeto é ajudar seu marido a fazer o trabalho. Ajude-o a tirar uma de suas tarefas da lista de afazeres ou vá com ele e o ajude em um projeto que ele gosta.

SERÁ QUE SEU MARIDO SABE sem sombra de dúvida que você está no canto da casa que ele mais gosta e considera só seu?

Meu marido é famoso (em nosso pequeno mundinho de amigos e família, mas ainda...) por seu molho. Sempre que tem um churrasco, uma refeição comum em que cada um prepara alguma coisa, a celebração de algum feriado ou aniversário, o único pedido é: "Será que o Roger pode trazer aquele molho?" Na verdade, Roger e seus dois irmãos, no dia antes do nosso casamento, passaram o dia fatiando e cortando pimentas em cubos, espremendo tomates e enlatando potes de molho para dar, como lembrança, aos convidados do nosso casamento. Como você pode ver, nessa área, levávamos nosso molho a sério.

Jamais sonharia em perguntar a Roger se ele precisa da minha ajuda para fazer o molho (seria o mesmo que perguntar: "E, aí, Michelangelo, precisa de alguma ajuda com esse teto?"), mas fico mais que feliz em ser sua assistente na cozinha — comprar os ingredientes, pegar a tábua de cortar, limpar tudo no fim do processo.

Amo ficar na cozinha ao lado do Roger enquanto ele corta, fatia, mistura e experimenta a mistura de tomate. É um ótimo momento para nos conectarmos, trabalharmos lado a lado, aproveitarmos a companhia um do outro, além de sermos produtivos.

Sei que Roger, durante esses momentos, se sente amado, acarinhado e sabe que reconheço sua contribuição para nossa família e vidas.

E mais, ele fica tão sexy de avental.

*Trabalhando em grupo*

Poderia ser tão simples quanto tirar o lixo, fazer o jantar ou lavar o carro lado a lado com ele. Oferecer-se para fazer um trabalho *com* seu marido é uma ótima maneira de ter o trabalho feito e se divertir no processo.

> É um ótimo momento para nos conectarmos, trabalharmos lado a lado, aproveitarmos a companhia um do outro.

Sempre tive a fantasia (acho que junto com a maioria das minhas amigas) de que o modo de meu marido e eu continuarmos a lua de mel é com jantares à luz de velas e passeios românticos em ruas arborizadas. Um quarteto de cordas toca suavemente ao fundo e passa para um crescendo quando ele declara seu amor eterno por mim. Isso e um presente ocasional, em que você recebe uma joia, mantêm vivo o sentimento de amor.

Mas os momentos que lembro com mais afeto são as longas horas em que conversamos sobre o amor e a vida enquanto reorganizamos o material de acampamento na garagem ou a vez que tentamos repetir uma receita de frango empanado que comemos em um restaurante local. Quando vocês trabalham juntos, o trabalho não só fica mais divertido, como parece menos uma obrigação.

Salomão estava certo quando disse: "É melhor ter companhia do que estar sozinho, porque maior é a recompensa do trabalho de duas pessoas. Se um cair, o amigo pode ajudá-lo a levantar-se. Mas pobre do homem que cai e não tem quem o ajude a levantar-se" (Eclesiastes 4:9-10).

O outro benefício de trabalharem juntos é conseguirem se completar e celebrar os pontos fortes naturais um do outro. Existe alguma tarefa da qual seu marido odeia uma parte, mas você não se importa em fazê-la ou até mesmo gosta de fazer? Apoie-o de forma amorosa e afirmativa ao pegar a parte que você faz bem e deixar que o ponto forte dele se sobressaia. (E mais, se você for como Roger e eu, vai ficar feliz com o fato de o seu marido estar preparado para acionar o alarme de incêndio caso algum de seus experimentos na cozinha fique fora de controle.)

### *A caridade começa em casa*

Outra mudança nessa tarefa é trabalhar com seu marido em um projeto que seja caro a ele. Tem alguma obra de caridade à qual vocês possam doar algum tempo como voluntários ou talvez um ministério em que seu marido está envolvido no qual você pudesse ajudá-lo durante um dia? Dizer a ele que o que é importante para ele é importante para você é um grande estímulo para seu marido.

### Oração para hoje

Querido Deus, faça com que meu marido sinta que tem uma parceira em mim. Que ele possa ser abençoado e apoiado por mim todos os dias.

### Seja criativa

Faça com que a atividade seja divertida e façam o trabalho dele para que vocês dois possam se divertir.

- Ele gosta de cozinhar? Talvez ele gostasse de uma aula de culinária para esse dia. Deixe-o fazer aquela mágica fritura leve enquanto você corta, limpa e faz tudo que for necessário para deixá-lo liberar o *chef* Claude Troigros que existe dentro dele.
- Se ele for um daqueles fanáticos por limpar carro (não conheço nenhum, mas ouvi dizer que eles existem), use suas habilidades com o aspirador de pó manual para limpar o interior do carro enquanto ele trabalha no lado externo.
- Será que ele prefere trabalhar sozinho? Faça um suco gelado ou um chocolate quente para ele a fim de que ele saiba que você está agradecida por tudo que ele faz.

### Relatórios do projeto

> "Meu marido gosta de lavar louça depois do jantar como um meio para relaxar. Por isso, hoje à noite, vou secar a louça enquanto ele a lava. Vai ser divertido!" — Strawberry

> "Esse projeto é difícil para nós, uma vez que temos quatro filhos; em geral também temos as crianças ajudando. Além disso, já ponho o lixo para fora, lavo os carros e corto a gra-

ma com o cortador. É isso mesmo, coisas que amo fazer, e ele não gosta de fazer. Às vezes, sinto que os outros o olham com um certo ar de perplexidade, para não dizer desdém, porque eu faço essas coisas, mas fico em casa e não tenho problema em fazê-las. Os maridos, às vezes, amam quando nos sentamos e os observamos fazer o que amam. Para Jeff, é o video game. Ele ama quando o assisto jogar ou tento aprender a jogar e eu mesma jogo. É um esforço para mim, uma vez que não gosto de fato de video games." — Sheri

**Seu plano para o projeto** (*copie seu plano na seção* Planejamento do projeto *no final do livro*)

**Seus resultados** (*a reação dele, a minha reação etc.*)

## Projeto 10

# Vestida para impressionar

## Use alguma coisa só para ele

*"Baseio meu gosto por moda no que não pinica."*

Gilda Radner

### Seu projeto

Vista algo apenas para ele. Você pode comprar algo ou pegar uma peça que já tenha. Ele não precisa saber o que você está fazendo — *você sabe e isso vai mudar um pouco algo dentro de você.*

*Não se trata apenas da roupa*

Houve um tempo em um passado não muito distante em que era louca por usar rabo de cavalo. Entre fazer ginástica, levar as crianças para a escola e para as atividades e tentar conseguir uma renda para alimentar e abrigar quatro adolescentes, meu cabelo era o último item na minha lista de afazeres. Já era bastante trabalho ir ao meu cabeleireiro uma vez por mês para garantir que continuasse ruiva.

O problema é que sabia que Roger odiava meu conveniente penteado predileto. Ele disse que amava quando deixava meu cabelo solto e cacheado.

Foi nessa época que começou o monólogo interior. Talvez você esteja familiarizada com essa fala:

> Está certo — legal, entendi tudo. Ele gosta do meu cabelo solto (quando uso saia, quando uso jeans, em vez de moletom, quando uso azul). Será que ele não entende que leva tempo para fazer todas essas coisas "femininas"?
>
> Ah, com certeza, eu podia me arrumar perfeitamente se tivesse um cabeleireiro e uma equipe de maquiagem. Tudo que ele tem de fazer é vestir um jeans limpo e se certificar de que não tem nenhum pelo visível no nariz. Quem ele acha que é? Bem, se ele ajudasse mais com as coisas de casa, então talvez eu tivesse tempo para não ficar com a aparência de quem acabou de sair da cama. Não acredito em como ele é egoísta!

Tudo isso porque ele me disse como fico bonita com o cabelo solto. Pobre cara.

Nossos maridos gostam de estar casados com uma mulher. Não que tenhamos de nos vestir como uma estilista famosa e ficar com a aparência de figurante de *Barrados no baile* em um vestido florido. Na verdade, recebo mais elogios do meu marido quando visto minha jaqueta de couro e os jeans favoritos do que quando me enfeito toda. Ele simplesmente ama quando me esforço para que minha aparência não seja a de quem trabalha de tempo integral como escavadora.

Deixar meu cabelo solto e ondulado, usar a cor favorita dele ou o colar que ele me deu no último Natal — essas são apenas algumas maneiras para fazê-lo saber que penso nele e me importo com sua opinião.

### *Faça um pouco de pesquisa*

Será que você sabe de fato o que seu marido ama que use? Se não sabe, talvez esteja na hora de investigar um pouco ou até mesmo de perguntar de forma franca e direta a ele.

O desafio aqui é quando você pergunta precisa estar preparada para ouvir o que ele diz. Se ele tiver bastante coragem de lhe dizer que não é um grande fã de agasalho com penas, então você precisa respeitá-lo o suficiente para deixar de usar o agasalho.

Perguntar e, depois, ignorar a opinião dele é muito pior que nunca perguntar o que ele acha.

### *Bela, sem ostentação e sem vaidades*

As mulheres, no subconsciente, lutam com a ideia de usar roupas bonitas ou de fazer o cabelo e se maquiar por causa do sentimento de não se acharem merecedoras de uma transformação total no guarda-roupa. Ou talvez seja uma luta porque nos consideramos não espirituais ou absorvidas em nós mesmas se dedicarmos muito tempo para ficar com uma boa aparência.

Amo como Jill Swanson, autora de *Simply Beautiful: Inside and Out* [Simplesmente bela: por dentro e por fora], começa seu livro falando sobre "Bela, sem ostentação e sem vaidades":

> Equilibrar a beleza e a humildade é uma luta constante para a mulher atual. Nenhuma de nós quer aparecer na moda por fora e fútil por dentro. Se formos honestas com nós mesmas, todas nós gostaríamos de estar com a melhor aparência que podemos ter. A roupa e a aparência afetam como sentimos e pensamos a respeito de nós mesmas. Elas levantam nosso espírito e nos ajudam a ter confiança para enfrentar o mundo real.
>
> O corpo é feitura de Deus. Temos a responsabilidade de cuidar dele e de nos apresentar de uma maneira que home-

nageie o Reino de Deus. Nossa aparência externa reflete nossa integridade e competência. No contato inicial com as pessoas, 55% da credibilidade que transmitimos é fundamentada apenas na aparência! As primeiras impressões lançam o alicerce para o estabelecimento da confiança e da credibilidade.

*Não espere até "os próximos 2 (ou 20) quilos"*

Então tem a questão de não pensarmos na nossa aparência até atingirmos algum objetivo místico, mágico.

- Quando eu emagrecer
- Quando as crianças estiverem na escola
- Quando eu voltar a trabalhar
- Quando eu conseguir um emprego melhor

O problema com essa atitude é este: se você se sente sem mérito com 77 quilos, não há nenhuma mágica sobre como chegar aos 68 quilos e que fará de repente com que você se sinta digna de cuidar de si mesma. Sempre há alguém mais magra, mais alta, mais bonita e que fica melhor naquele jeans. Há milhões de outras mulheres que, quando as compara com você mesma, fazem você se sentir como se ainda faltasse algo que precisa ser feito com sua aparência.

> Não existe nenhuma razão para adiar para ser o melhor que você pode ser, agora mesmo.

O outro lado da moeda é que você é a única dentre esses milhares de mulheres com quem seu marido se casou. Ele quer (e talvez eu seja tão ousada a ponto de dizer que ele merece) a melhor versão de você que esteja disponível agora mesmo.

Não estou dizendo para você não emagrecer ou desistir do seu programa de ginástica. Luto com essas áreas minha vida toda, e elas provavelmente estarão sob oração até o dia em que eu morrer. O que estou dizendo é que não existe nenhuma razão para deixar de ser o melhor que você pode ser, agora mesmo.

Preste atenção ao que seu marido responde.

Se o dinheiro for um problema quando se trata de roupas, é melhor você ter três trajes nos quais sabe que seu marido ama vê-la e em que se sente maravilhosa do que um guarda-roupas repleto de coisas que são confortáveis, mas a fazem parecer cansada e deselegante.

Preste atenção ao que seu marido responde. Ele lhe dá mais atenção quando você usa um vestido? Talvez esteja na hora de se comprometer em usá-los uma vez por semana. Meu marido me deu de Natal o mais incrível colar com um pingente de turquesa. Agora tenho três combinações de blusas, jaqueta e jeans que ficam ótimas com o colar. E quando recebo um elogio, digo (alto o bastante para Roger me ouvir): "Eu sei, também amo esse colar. Meu marido que escolheu. Ele não tem muito bom gosto?"

## Oração para hoje

Querido Deus, oro para que meu marido saiba que ele é especial para mim de todas as maneiras — que ele merece um esforço extra.

## Seja criativa

- Seu marido é fã de esportes? Talvez a coisa mais sexy que você pode vestir seja uma camiseta do time dele.
- Da próxima vez que for às compras, pense na cor favorita do seu marido. Existe muita chance de que seja a cor azul — sorte nossa! Sempre tem algum tom de azul que fica maravilhoso em nós. Certifique-se de mencionar que comprou a roupa dessa cor com ele em mente.

## Relatórios do projeto

"Algumas semanas atrás, comprei uma blusa nova. Toda vez que a uso, ele diz: 'Gosto dessa blusa'; ou: 'Essa blusa é bonita'. Por isso, a usei hoje e, ao longo do dia, lembrei algumas vezes do comentário dele e me senti mais confiante. Ele não disse nada dessa vez, mas ele disse bastante das outras vezes e sei como ele se sente." — Linda

"Hoje vou usar uma par de brincos de ouro que meu marido me deu. O cartão que ele escreveu quando me deu o brinco dizia: 'A cada dia amo mais você'. Por isso, chamo os brincos de 'brincos a cada dia amo mais você'. (Criatividade não é o meu forte!) Ele ficou impressionado com o fato de eu me lembrar do que ele escreveu no cartão." — Denise

**Seu plano para o projeto** (*copie seu plano na seção* Planejamento do projeto *no final do livro*)

**Seus resultados** (*a reação dele, a minha reação etc.*)

Projeto 11

# Chega de estresse

## Elimine alguma coisa que o deixa irritado

*"O estresse é o refugo da vida moderna — todos nós o geramos, mas se você não se desfaz dele da forma apropriada, ele vai acumular e tomar conta da sua vida."*

DANZAE PACE

### Seu projeto

O foco hoje é remover um ponto de estresse da vida do seu marido. Descubra o que o faz sentir uma pequena sensação de derrota a cada dia e planeje remover isso.

MEU MARIDO E EU VIVEMOS NO VALE do Silício onde os sonhos são grandes, mas as casas são pequenas. Nossa casa tem menos de 120 metros quadrados. Com nós dois mais três adolescentes vivendo em casa e um gato com problema de peso, você tem os ingredientes de alguns cômodos superlotados e apertados. Cada centímetro quadrado da nossa pequena casa serve para pelo menos dois propósitos. A sala de estar também é a sala de computador dos nossos filhos. Nossa área de jantar é a central de fazer lição de casa, e nosso quarto também é meu escritório.

Sei que Roger amaria muitíssimo chegar em casa e poder deitar por alguns minutos depois de um dia frenético de trabalho.

Infelizmente, o lado dele da cama é a única superfície plana que posso usar como o espaço de esboço para meu próximo artigo, "Planejamento para organizar sua família e casa de dentro para fora".

Uma coisa que posso fazer para amar Roger um pouquinho melhor é garantir que a cama esteja sem projetos e que as roupas íntimas estejam dobradas no fim do dia. Um obstáculo a menos entre ele e alguns minutos de descanso já é um bom caminho andado para que ele sinta essa paz.

O que no dia do seu marido o faz abafar um suspiro? Será que ele tem de tirar um monte de bicicletas da calçada antes de estacionar seu carro? Ele é um maluco maravilhoso que, todos os dias quando chega em casa, encontra o sofá com montes de objetos ou roupas?

> O que no dia do seu marido o faz abafar um suspiro?

Talvez seja um carro lotado de doações esperando para ir para a caridade ou um parafuso especial que ele precisa pegar a fim de consertar a porta. Seja o que for, veja se há um modo de tirar o aborrecimento da vida do seu marido.

*Alerta para a esposa, alerta para a esposa*

Eis um alerta fundamental para esse projeto — só porque algo a estressa, isso não quer necessariamente dizer que também deixa seu marido estressado.

Se você passa quatro horas organizando a gaveta de cacarecos na cozinha, deixando-a arrumada para toda sua glória obsessivo-compulsiva e, depois, fica arrasada porque seu marido não ficou imediatamente extasiado com sua façanha de limpeza, talvez isso queira dizer que ele não ficava incomodado com a gaveta como você ficava.

E talvez suas expectativas sejam um pouquinho irrealistas. Apenas um pensamento.

## Oração para hoje

Querido Deus, que eu faça essas coisas não para ser notada, mas para que meu marido se sinta amado e honrado, mesmo nas pequenas coisas.

## Seja criativa

- O barulho estridente do canal de desenho animado deixa seu marido atormentado quando chega em casa? Talvez um pouco de Mozart (ou talvez Simon & Garfunkel) seria um som melhor para saudá-lo.
- Seu marido precisa superar pilhas de maquiagem e cosméticos apenas para escovar os dentes? Está na hora de declarar algum território masculino no banheiro. Ponha suas coisas em cestas ou prateleiras para que ele tenha acesso às coisas dele.
- Qual é o lugar favorito dele na casa? Se for uma a poltrona ao lado da tevê, certifique-se que o controle remoto fique à mão (talvez com pilhas novas) e que a sua revista esteja por perto.
- Há um monte de álbuns de música que seu marido quer baixar? Peça para seu habilidoso vizinho adolescente ensiná-la a fazer isso.
- Ele tem um relógio que precisa de bateria nova, uma mala com uma alça quebrada que nunca vai para o conserto ou uma camisa favorita sem um botão? Cuide dos

pequenos aborrecimentos não para ser reconhecida, mas apenas para tornar a vida dele um pouquinho mais cômoda e com menos chateação.

## Relatórios do projeto

"Uma coisa que realmente incomoda meu marido é coleção de xícaras de café. Simplesmente odeio me livrar de alguma coisa, mas elas não cabem mais no armário. Acho que vou ter de me desfazer de parte delas hoje." — Denise

"Uma das coisas que aborrece meu marido é entrar no box do chuveiro e encontrar apenas um pedacinho minúsculo de sabonete na saboneteira. Seu maior argumento é que ocupo todo o espaço no chuveiro com meus dez diferentes géis de banho de 'pepino, melão, papaia, manga, coco, baunilha — tenho uma seção de produtos de higiene e beleza em nosso chuveiro', então por que preciso usar o sabonete dele?! Certifiquei-me de deixar um bom sabonete sempre disponível." — Karmyn

"Verifiquei todas as canetas na escrivaninha do meu marido tirando as que estavam sem tinta e as substituindo por outras que escreviam." — Tamara

"Nossa cozinha e sala íntima da família é uma cômodo grande com um balcão no meio. O balcão, como costuma acontecer com balcões, vive cheio de papéis, figurinhas dos meus filhos, óculos, projetos de arte etc. Isso deixa meu marido enlouquecido. Sei que ele gosta de chegar do trabalho e encontrar o balcão limpo, sem nada, então toda tarde antes de ele chegar em casa tento limpar o balcão para que ele entre e tenha uma sensação de paz." — Sue

"Meu marido está aposentado e fica bravo porque deixo minhas roupas delicadas na secadora quando saio para trabalhar. Ele ficaria feliz em lavar a roupa enquanto estou trabalhando, mas não quer estragar minhas roupas delicadas. Então, vou me certificar de deixar a secadora vazia antes de sair para o trabalho." — Mary

"Sou muito boa em lavar a roupa e dobrá-la. No entanto, tirar a roupa lavada dobrada da cesta e colocá-la nas gavetas é a tarefa de que menos gosto. Meu marido reclama que nunca consegue encontrar suas roupas limpas, em especial as meias, enquanto elas vivem em algum lugar do buraco negro da cesta de roupa lavada, escondidas entre as camisetas das crianças e meus jeans. Esta noite, meu marido ficou fora até tarde, na reunião de pais da escola de nossa filha. Certifiquei-me de que todas as roupas estão limpas *e* guardadas, assim, ele não precisa enfrentar o abismo da lavanderia de manhã." — Sheesh

**Seu plano para o projeto** (*copie seu plano na seção* Planejamento do projeto *no final do livro*)

**Seus resultados** (*a reação dele, a minha reação etc.*)

Projeto 12

# Entendi!

## Observe as grandes coisas que ele faz

*"Nenhuma palavra torpe saia da boca de vocês, mas apenas a que for útil para edificar os outros, conforme a necessidade, para que conceda graça aos que a ouvem."*

Efésios 4:29

### Seu projeto

Diga a seu marido algo a respeito dele que você acha maravilhoso.

*Do que meu marido realmente precisa*

Uma das grandes coisas que aprendi ao fazer o projeto *21 dias para ter um casamento maravilhoso* é que para nós, como esposas, um dos projetos mais difíceis é falar palavras de encorajamento. Às vezes, ficamos irritadas por nossos maridos não expressarem seus sentimentos. No entanto, a resposta que recebo dos projetos que envolvem encorajar nossos maridos mostra que eles são os que temos mais dificuldade para fazer e achamos mais estranhos.

E isso não se resume ao que é amar?

O autor Patrick Morley, em seu livro *What Husbands Wish Their Wives Knew About Men* [O que os maridos gostariam que suas esposas soubessem sobre os homens], compartilha algumas percepções perspicazes sobre o que os homens mais precisam:

> O que, depois de seu relacionamento com Deus e sua família, faz com que seu marido se levante da cama de manhã? O que o deixa feliz? O que o satisfaz?
>
> Seu marido, além de uma segunda xícara de café, anseia que sua vida seja importante. No cerne de todo homem ferve um intenso desejo de "fazer", de dominar seu mundo, de modelar o curso dos eventos. Seu marido foi feito para a tarefa. Todavia, não a tarefa pela tarefa, mas a tarefa com sentido e com propósito.

Nossos maridos ficam desesperados para saber que ele faz diferença no mundo, mesmo que seja apenas no mundo de sua família. Eles precisam saber que seu trabalho, suas interações, sua liderança e seu amor fazem diferença para as pessoas ao redor deles — e você é a primeira fonte a dar a ele essa informação e garantia.

"Todos querem ser alguém. O que você pode lhes dar é a confiança de que podem ser."

— George Foreman

Isso não é algo natural para a maioria de nós. É difícil e desconfortável animar nossos maridos com palavras — em especial quando sentimos no fundo do nosso coração que eles não merecem isso.

Mas eis o ponto aqui. Quando você começa a dizer a seu marido como ele é ótimo, isso faz com que ele, em seu íntimo, suba o próprio nível de exigência. Os homens, em todas as áreas de sua vida, querem viver à altura do modelo estabelecido para eles. Ele começa a se ver sob uma luz diferente — não como o homem que erra constantemente o alvo, mas como aquele que surpreende a si mesmo e às pessoas ao seu redor pela maneira como é capaz.

*Comece com pequenas coisas*

Se esse assunto de encorajamento é novo para você, comece aos poucos. Talvez você tenha crescido em uma família em que o único encorajamento que recebia era quando alguém queria algo de você. O que, naturalmente a tornaria ressabiada quanto a distribuir elogios tão gratuitamente — poderia parecer insincero, talvez até mesmo falso. Seria compreensível que você fosse cautelosa com o assunto.

Então, tente começar com algo pequeno. Elogie seu marido por algo simples. Digamos que ele tenha tirado as louças da máquina de lavar louça antes de você chegar em casa. Certifique-se de perceber e agradecer a ele por esse pequeno gesto. (Está certo, para algumas de vocês esse gesto não seria considerado pequeno. Minha amiga Tina diz que isso equivaleria a seu marido pular na pia e andar sobre a água utilizada para lavar os pratos.)

Posso ouvir agora mesmo o comentário: "Por que devo agradecer a ele por manter a casa funcionando? Isso faz parte do trabalho dele também!" Você deve fazer isso pelo menos motivo que gostaria de receber um agradecimento por pegar a roupa limpa ou por limpar o banheiro. Porque é gostoso ser apreciado. E todos nós precisamos disso.

Além disso, uma vez que você começar a procurar ativamente coisas boas em seu marido, começará a perceber cada vez mais o que ele faz.

Vários anos atrás, eu estava comprando um carro novo. Muitas pessoas disseram maravilhas do Toyota Sienna. Como tinha um parente que trabalhava na Toyota, acabei por comprar a van sem de fato ver alguma ao vivo.

Assim que saí com minha Sienna cor de areia do pátio fiquei impressionada com a quantidade de Siennas cor de areia que havia na estrada. Na escola, no trabalho, no supermercado e na igreja, *em todo lugar que ia* via Siennas cor de areia.

Será que a Toyota tinha inundado o mercado com Siennas no dia que saí do pátio? Não, nada disso, apenas me senti assim porque agora essas vans estavam no meu radar mental.

Acontece a mesma coisa quando procuramos formas para encorajar nossos maridos. Se não olhamos, não vemos. Mas assim que começamos a procurar maneiras de estimulá-los, somos inundadas por elas. Conforme o livro de Provérbios coloca: "Quem procura o bem será respeitado; já o mal vai de encontro a quem o busca" (Provérbios 11:27).

> "Talvez nem todo homem seja extraordinário, mas há algo de extraordinário em cada homem."
>
> — Autor anônimo

*Faça para valer*

Se você é uma encorajadora por natureza ou sabe que seu marido está de fato precisando de alguma aprovação e estímulo, talvez esteja na hora de fazer isso para valer. Qual foi a última vez que você agradeceu seu marido apenas por ir trabalhar todos os dias (ou se ele está sem trabalho, por procurar trabalho todos os dias)? Parece algo tão básico, mas tem muitos maridos que nunca recebem um agradecimento por proverem para a família.

Eis algumas coisas grandes nas quais você pode pôr seu foco quando for encorajar seu marido:

- A provisão para sua família (mesmo que vocês dois trabalhem fora)
- A fidelidade para com você
- A liderança em casa
- As habilidades como pai
- O modo como ele a faz sentir-se bem em relação a você mesma
- A provisão de segurança em sua casa

## Oração para hoje

Querido Deus, meu marido tem muitas qualidades maravilhosas que tendo a negligenciar. Faça-me vê-lo hoje com novos olhos.

## Seja criativa

- Mantenha um cartão no bolso hoje. Toda vez que alguma grande qualidade de seu marido vier à mente, anote-a.
- Se estiver tendo alguma dificuldade em encontrar itens para sua lista, pergunte aos outros. Pergunte a seus amigos, mãe, filhos — qualquer pessoa que seja fã do seu marido pode apontar todas as coisas boas dele.

## Relatórios do projeto

> "Esse foi um desafio para mim hoje. Não estou no meu melhor humor e me sinto muito irritadiça. Por causa desse projeto, tentei deixar de lado esses sentimentos e focar no que ele faz. Quando ele fez um sanduíche de tarde para ele, eu disse: 'Hum, parece bom, acho que também vou fazer um'. Como a cachorra estava deitada com a cabeça no meu colo, ele disse que faria o sanduíche para mim. Ele faz esse tipo de coisa o tempo todo, e não reconheço que

ele faz essas pequenas coisas. Quando voltou para a sala, eu disse: 'Muito obrigada por isso. Você está sempre fazendo essas coisas gentis e agradáveis para mim'. A resposta dele foi preciosa; ele começou a sorrir, mas tentou conter o riso e disse: 'É sempre um prazer'. Ele disse outras palavras, mas não consigo lembrá-las. Basicamente ele subestimou o que fez, mas estava secretamente vibrando com o elogio. Preciso continuar a elogiá-lo mais pelas coisas que faz. Obrigada, Kathi, por esse projeto para nos ajudar a ver a nós mesmas com mais clareza. Isso também me fez mandar embora minha irritabilidade e focar nele." — Linda

"Mandei um e-mail para ele fazendo-o saber o quanto aprecio seu trabalho árduo em prover recursos para nossa família. Ele trabalha duro para que eu possa ficar em casa com as crianças." — Strawberry

"Meu marido é tão bom em fazer isso por mim, por isso foi um deleite fazer isso por ele. Fiz uma longa lista e mostrei para ele no jantar. Sentei-me em seu colo e a li em voz alta para ele, e isso o fez sorrir. Acho que esse projeto veio na hora certa porque ultimamente ele tem tido dificuldade em seu trabalho." — Kirsten

"Quando li isto essa manhã, pensei: 'Esse vai ser fácil... amo tantas coisas no meu marido, vai ser fácil elaborar a minha lista.' Mal sabia eu que quando ele voltasse do trabalho, teríamos uma discussão que acabou em dura revelação sobre algo que preciso trabalhar em nosso casamento. *Puxa vida!*. Fui para a cozinha e fiquei, por um momento, sozinha para fazer o jantar e ter um tempinho para sentir pena de mim mesma e, depois, me lembrei da minha tarefa e da minha lista. Com o coração pesado, me aproximei e passei os braços em torno dele e lhe agradeci pela dádiva que ele era na minha vida e pelas qualidades que admiro e respeito nele e que fortalecem nosso casamento. Você não pode nem imaginar o quanto de esforço precisei para engolir meu próprio orgulho a fim de dar a ele essa bênção, mas estou muito feliz por ter feito isso. Nossa noite terminou com perdão e aconchego e uma gratidão renovada em meu coração por meu marido." — Amanda

**Seu plano para o projeto** (*copie seu plano na seção* Planejamento do projeto *no final do livro*)

**Seus resultados** (*a reação dele, a minha reação etc.*)

Projeto 13

# Em minha mente

## Voltando seus pensamentos para ele

*"Como tenho sorte em ter algo que deixa tão difícil dizer adeus."*

ANNIE, DO FILME DE MESMO NOME

### Seu projeto

Ponha lembretes durante seu dia para pensar em seu marido e orar por ele. Faça-o saber, em algum momento do dia, que ele está em sua mente.

*Pensando nele de forma intencional*

Sua vida é tão atarefada que há dias em que, de repente, tomar um bom banho parece um luxo impossível. Sua lista de afazeres a deixa exausta (apesar de sempre parecer que nada foi *feito*). Muitos dos meus dias parecem estar no fim antes mesmo de começarem de fato. Tenho grandes planos de escrever o grande romance norte-americano, de redecorar nosso quarto e fazer refeições *gourmet* para minha família. A realidade? Com muita frequência tudo se resume a escrever um e-mail, fazer a cama e preparar macarrão com queijo. Há dias em que fico por horas tão completamente envolvida nas minúcias da minha própria existência que me esqueço de pensar de fato no meu marido e orar por ele.

Não que seja possível me esquecer do meu marido, ainda que me esforçasse pra isso. Mas ele, ao contrário dos outros membros da nossa família, raramente precisa de ir à casa de alguém, não tem dramas de namoro de adolescentes e consegue monitorar seu tempo no computador. Ele é bem autossuficiente, por isso, fica fácil deixá-lo no piloto automático enquanto faço o que parece ser o mais necessário e o que a família mais precisa.

Mas meu marido precisa muitíssimo de minhas orações. Sei disso — apesar de que, a menos que eu seja intencional em orar por ele, meu dia inteiro pode escoar com nada mais que um aceno em direção ao céu em favor de Roger.

Consigo de algum jeito encontrar tempo para comer, ler e assistir à reprise da novela, mas orar parece um pouco fora do alcance.

Por isso, tenho de me certificar de que transformo a oração em algo que não seja de menor importância em meu dia. Roger e eu desenvolvemos o hábito de orar um pelo outro enquanto ele dirige para ir ao trabalho (quem adivinharia que um elemento essencial para melhorar minha vida de oração seria a tecnologia na forma de iPad?). É nesse ponto que fico sabendo quais são as pressões que ele enfrenta a cada dia e como posso orar por ele ao longo de seu período de trabalho. Também tenho um lembrete no meu calendário para colocá-lo pra cima em meio a minhas tarefas diárias e durante o rodízio no transporte das crianças.

Qual recurso você pode usar para lembrá-la de pensar em seu marido ao longo do dia? Seja criativa. Talvez seja uma fotografia dele no painel do seu carro ou então borrifar o perfume dele em um lenço e mantê-lo em sua bolsa. Seja o que for que a faça se lembrar dele, mantenha isso perto de você para que possa lhe telefonar mais tarde no dia e dizer: “Você esteve na minha mente o dia todo”. Acredite em mim, ele vai ganhar o dia com isso.

*Telefone para compartilhar o amor — não o fardo*

Uma vez que orou por seu marido, talvez esteja na hora de fazê-lo saber que ele está em seu pensamento. Digo *talvez* porque depende do motivo pelo qual você telefona. Se seu telefonema for para dizer a seu marido que você o ama e que pensa nele ao longo do dia, então pegue o telefone.

No entanto, se sua intenção não é totalmente abençoá-lo, medite (e ore) antes de ligar. Se sente necessidade de desabafar, telefone para sua melhor amiga ou para sua mãe — depois telefone para seu marido para lhe dizer como ele é ótimo. Não estou dizendo para esconder as coisas dele, mas se está tendo um dia ruim e seu marido não está em condição de ajudar, para que compartilhar isso?

"Quem tem conhecimento é comedido no falar, e quem tem entendimento é de espírito sereno."
— Provérbios 17:27

Na maioria dos dias, nosso objetivo deve ser encher o dia dos nossos maridos de amor e luz — e não sobrecarregá-lo com nosso fardo. É claro que se acontece alguma coisa importante em sua vida, e você precisa do amor e do apoio dele, não há motivo para esconder as coisas dele. Você conhece seu marido e sabe o que um telefonema durante o dia significa para ele.

Como seu marido reagiria se você, em vez de telefonar para ele para desabafar ou até mesmo para se divertir, contando sobre como as crianças pintaram mais uma vez a unha do gato, você telefonasse não querendo nada, mas apenas para dizer que está com saudades dele hoje?

*Não telefonar — às vezes esse é o melhor presente que você pode dar*

Se você é uma daquelas mulheres que telefonam 12 vezes por dia para contar ao marido que resistiu a uma maionese de baixo teor de gordura, talvez o melhor presente que possa dar a ele seja não telefonar mais.

Parte da diversão e da excitação do namoro é o sentimento de deslumbramento, uma antecipação de formigamento e ansiedade. Ele pensa: "O que será que ela está fazendo neste momento? Será que está pensando em mim?" Uma vez que vocês se casam, tende a haver uma ocasional falta de surpresas intrigantes. Sabemos tudo um sobre o outro. Ele sabe como é sua aparência de manhã antes de escovar os dentes e pentear os cabelos. Ele a conhece em seus melhores e também em seus piores momentos. Conhece todas as pequenas coisas que ninguém mais conhece. E esse é o problema.

Dê a ele a oportunidade de *sentir saudade de você.* Deixe um pouco de mistério na relação. Se você se questiona por que ele não lhe pergunta sobre seu dia quando você chega em casa, talvez seja porque tenha compartilhado cada detalhe, momento a momento, ao longo do dia.

Eis alguns bons limites para os telefonemas:

- Ele não precisa saber o que você comeu no almoço, a menos que ele pergunte.
- Ele não precisa de um relatório detalhado de cada coisa terrível que seus filhos fizeram. (Será que ele lhe informa cada vez que um de seus colegas de trabalho está com dor nas costas?)
- Ele não precisa saber que você esqueceu algo na loja.

Sei que isso parece loucura, mas essas são algumas conversas reais que ouvi aleatoriamente e estavam entre os principais motivos por que as esposas telefonarem para os maridos.

Certifique-se de estar sintonizada com o ritmo natural de seu marido. Meu marido fica feliz com um telefonema durante o dia (na verdade, ele, em geral, me telefona pelo menos uma vez por dia), mas sei que nos seus dias mais atribulados é melhor apenas enviar um e-mail para ele dizendo-lhe que estou oro por ele e pensando nele.

> A quem mais amamos, para eles, devemos dizer o mínimo.
>
> — John Ray

## Oração para hoje

Querido Deus, que eu fale somente quando as palavras forem de incentivo.

### Seja criativa

- Acerte o alarme de seu celular hoje para tocar a cada duas horas. Faça com que o alarme seja um lembrete para você parar o que está fazendo e orar por seu marido ao longo do dia.
- Você tem uma foto do seu marido no celular? Certifique-se de ter uma para que, quando ele telefonar, o rosto fofo dele apareça para você na tela. (Peça a um adolescente habilidoso para lhe mostrar como programar isso em seu celular.)

### Relatórios do projeto

"A melhor maneira do meu marido saber que penso nele durante o dia é encontrando seu chá gelado fresquinho e pronto quando ele chega em casa. Outro telefonema interrompendo seu dia não transmite amor por ele. Tenho apenas de deixar um lembrete para mim mesma para preparar o chá dele." — Karmyn

"Sempre me comunico com meu marido porque ele sai às 4h da madrugada para o trabalho. Então, telefono em geral por volta das 7h para desejar um bom-dia para ele. Depois, falo sobre as questões do dia. Bem, hoje telefonei e cantei nossa canção para ele ao telefone. Ele riu e achou realmente fofo o telefonema. Ele me agradeceu por tê-lo feito sorrir." — Strawberry

"Decidi enviar cartões para ele saber que estou pensando nele. Assinei um teste de 30 dias em uma página de cartões de saudações on-line. Encontrei alguns bem divertidos que me atraíram. Planejo enviar um cartão diferente por dia para ele durante a próxima semana, começando hoje. Se ele gostar, vou manter a assinatura." — sugga_lamb

"No caminho da oficina (até onde meu marido me acompanhou para que pudesse pegar meu carro) para minha casa, fiz uma parada numa cafeteria. Ele ama mocaccino com chocolate branco, e eu tinha certeza de que fazia um tempo que ele não tomava um. Enquanto esperava os cafés ficarem prontos, telefonei para ele e disse: 'Estou perto de você, parei na cafeteria para pegar café para nós.' Ele disse: 'Verdade? Você pode me trazer um mocaccino com chocolate branco? Não tomo um faz um tempo e estou com vontade'. Disse a ele que já estava com a bebida e logo estaria em casa com ele." — Linda

**Seu plano para o projeto** (*copie seu plano na seção* Planejamento do projeto *no final do livro*)

**Seus resultados** (*a reação dele, a minha reação etc.*)

Projeto 14

# Prepare um prato especial

## Cozinhe para seu marido

*"Se houvessem mais pessoas que valorizassem a comida, a alegria e a música mais do que o vil ouro, viveríamos num mundo mais feliz."*

J. R. R. Tolkien

### Seu projeto

Prepare algo especial para seu marido (reservas não contam).

Este é um fato injusto da vida: os homens gostam de uma mulher que cozinhe.

A maioria de nós não cresceu com uma mãe que deixou um legado excepcional de culinária. Muitas das nossas mães traziam para casa o bacon e o fritavam em uma panela (ou punham no micro-ondas antes que tivesse de levar um bando de garotos para o treino de futebol).

Minha mãe trabalhava fora e é uma ótima cozinheira. Mas suas habilidades culinárias e para a costura pularam uma geração.

No primeiro apartamento minúsculo em que vivi sozinha, sobrevivi durante um ano com comida para viagem e sanduíche de presunto. Eu tinha um medo mortal de cozinhar algo tão complicado quanto um frango, temendo que muito provavelmente envenenaria algum convidado com um caso letal de salmonela.

No entanto, quando me casei, logo percebi que meu esposo não ficaria satisfeito com uma dieta fixa de sushi para viagem, iogurte batido com frutas e refrigerantes. Estava na hora de passar algum tempo de qualidade com aquele que logo seria meu melhor amigo, Jamie Oliver, e aprender a cozinhar.

Apesar de os primeiros resultados terem ficado um pouco secos, não foram letais.

Mergulhando no poço fundo da culinária, confrontei-me com um frango *teriyaki*. Apesar de os primeiros resultados terem ficado um pouco secos, não foram letais. Isso me deu confiança para tentar e me aventurar em mais algumas dificuldades gastronômicas.

Se você não é uma cozinheira, mas sabe que seu marido gostaria que fosse, eis aqui algumas receitas à prova de falhas que sei que você consegue fazer e que seu marido irá amar. Como tenho certeza disso? Nossos dois meninos adolescentes fazem e comem essas receitas. Se eles conseguem fazer esses pratos, você também consegue. Se eles os comem, seu marido vai comê-los. Cada uma das receitas relacionadas é ótima para preparar de antemão e ser posta no freezer. No entanto, você não precisa congelar e pode pôr cada prato diretamente no forno se for servir na mesma noite que o fizer.

## Penne assado

450 gramas de carne moída
¼ de xícara de cebola picada
450 gramas de macarrão tipo penne cozido e escorrido

6 xícaras de molho de espaguete
6 fatias de queijo muçarela
½ xícara de queijo parmesão ralado

1. **Preparo:** Refogue a carne moída e a cebola juntas em uma frigideira grande até ficar dourada. Escorra. Acrescente o molho para espaguete. Junte a massa à mistura de carne com molho; misture bem.
2. **Congelamento**: Espalhe a massa em uma travessa e cubra com papel alumínio. Coloque as fatias de queijo muçarela e as de queijo parmesão ralado em sacos para congelamento. Congele.
3. **Servir:** Degele o conteúdo da travessa e os queijos. Tire o papel alumínio e ponha as fatias de queijo muçarela na travessa. Recoloque o papel alumínio e asse a 180º durante 30 minutos ou até o queijo derreter. Retire o papel alumínio e asse por mais 5 minutos.
Serve 4 pessoas.

## Frango à caçadora

450 gramas de peito de frango sem pele e sem osso
1 colher de sopa de óleo vegetal
1 ¼ xícaras de cebola fatiada
2 xícaras de cogumelo fatiado
1 colher de chá de alho picado
35 gramas de purê de tomate
2 colheres de sopa de salsinha seca
¼ de colher de chá de pimenta
2 colheres de chá de tempero tipo italiano
1 colher de chá de manjericão
¼ xícara de queijo parmesão ralado

**1. Preparo:** Corte o peito de frango em cubos. Fatie a cebola e o cogumelo. Pique o alho.
**2. Cozimento:** Em uma frigideira grande, frite o frango em óleo vegetal até não estar mais rosado no centro. Tire o frango da frigideira e refogue a cebola, o cogumelo e o alho até a cebola ficar transparente. Acrescente o frango e os ingredientes restantes, menos o queijo parmesão. Cozinhe por 15 minutos, mexendo ocasionalmente. Deixe o molho esfriar.
**3. Congelamento:** Congele em uma travessa.
**4. Servir:** Deixe a travessa no refrigerador durante a noite para o molho descongelar. Ponha a travessa coberta com papel alumínio no forno a 180º durante 30 minutos para aquecer. Polvilhe com queijo parmesão ralado e sirva o molho sobre macarrão ou batatas assadas.
Serve 4 pessoas.

## Frango *teriyaki*

*Faço sempre essa marinada. É muito melhor que qualquer marinada que você encontra no mercado.*

4 sobrecoxas e 4 coxas de frango (ou seis peitos de frango)
½ xícara de molho de soja
3 colheres de sopa de mel
1 colher de chá de gengibre fresco ralado
1 dente de alho amassado
2 cebolinhas fatiadas bem fininho

**1. Preparo:** Coloque o frango em um saco plástico de congelar. Misture os ingredientes restantes em uma tigela. Derrame a mistura sobre o frango, cobrindo completamente cada pedaço. Feche o saco de congelar.

**2. Congelamento:** Ponha o saco com o frango em outro saco de congelar e deixe na horizontal no congelador.
**3. Servir:** Descongele o frango. Tire a marinada e cozinhe o frango em uma panela em fogo baixo durante 30-40 minutos ou até o frango não estar mais rosado no centro.
Serve 4 pessoas.

Você precisa de um pouco mais de inspiração? Veja essa lista de livros e sites de receitas para cozinheiros de primeira viagem:

- *200 receitas fáceis de fazer*, de Louise Pickford
- www.1001receitasfaceis.net/
- www.tudogostoso.com.br/rapidas.php
- www.receitasdeminuto.com
- www.receitas.ig.com.br
- *Jamie 30 minutos e pronto*, de Jamie Oliver (refeições deliciosas em 30 minutos)
- *Bela cozinha*, de Bela Gil (Bela acaba com o mito de que comida saudável é sem graça)

É isso mesmo, sei que algumas de vocês cozinham — na verdade, muito bem. Então, deixe-me fazer uma pergunta diferente. Que pratos você tem feito?

Se seu marido é louco por hambúrguer de carne moída, mas essa comida ofende seu senso culinário, qual a vantagem que seu marido leva por ter se casado com uma grande cozinheira que não cozinha para ele? Talvez esteja na hora de fazer alguma concessão às fantasias alimentares dele e servir o que ele quer — refeição para rapazes.

Refeição para rapazes é matéria de grande debate em nossa casa. Nunca há molho, batata frita, minipizzas ou asinhas de frango suficiente aqui para satisfazer os três homens da casa. (Caso eu não limitasse a quantidade de refeições para rapazes consumidas pelos meus dois adolescentes, não sei como conseguiríamos ter recursos para manter um teto sobre nossa cabeça.)

Sei que é importante permitir essa forma de alta cozinha. Roger era pai solteiro havia treze anos quando nos casamos, então, de repente, começar a comer, três noites por semana, frango grelhado com saladas frescas causaria tensão em seu delicado organismo.

Por isso, uma ou duas vezes por semana, celebro os homens da casa fazendo cachorro-quente com tudo que tem direito, ensopado de carne ou alguma outra coisa com muito sal que cause obstrução das artérias. Meu lema é: "Refeição para rapazes com moderação."

Se refeição para rapazes é um conceito novo para você, certifique-se de examinar a lista de receitas na seção *Guia feminino de refeições para maridos* no fim do livro. Ali você encontra diversas receitas que vão deixá-la revigorada (ou pelo menos vão deixar seu marido muito, muito feliz).

## Oração para hoje

Querido Deus, oro para que meu marido perceba meu amor por ele e veja meu esforço, e não só os resultados.

## Seja criativa

- Faça uma vez por semana o prato noturno favorito do seu marido. Talvez a sexta-feira seja a melhor noite para fazer bife ou hambúrguer na grelha.
- Meu marido ama quando faço para o jantar coisas do café da manhã. Alguém aí quer panquecas e salsicha?
- Um dos jantares mais bem-sucedidos consistia totalmente de "comida de boteco": asinha de frango apimentada, batata frita, nachos e quesadilha. Hummm.

## Relatórios do projeto

> "Está bem, esse projeto foi bom para o Jeff e para mim. Definitivamente, eu realmente amo jantares saudáveis. Os dois pratos prediletos do Jeff são bife com batata frita e batata frita com bife. Eu ficaria feliz em comer bife apenas uma vez por mês. E teria que ser um bife caro. Acho que Jeff fica mais animado e demonstra mais apreço pela minha arte culinária e esforço quando a refeição se enqauadra na categoria dos alimentos que ele gosta." — Sheri

**Seu plano para o projeto** (*copie seu plano na seção* Planejamento do projeto *no final do livro*)

**Seus resultados** (*a reação dele, a minha reação etc.*)

## Projeto bônus 2

# Sexo

## Compre roupas íntimas, um presente para vocês dois

*"Ninguém jamais ganhará a batalha dos sexos. Existe confraternização demais entre os inimigos."*

Henry Kissinger

### Seu projeto

Compre uma lingerie que você e seu marido gostem. Depois, faça bom uso dela.

Sim, vamos lá, está na hora de falar de lingerie.

Como está seu guarda-roupa em relação a lingerie? Um pouquinho ultrapassado? A última camisola que comprou foi antes do seu casamento?'

Ah, tem muito drama em torno desse assunto. Desde que a Victoria revelou seu Segredo é impossível você ir ao shopping ou ler uma revista sem ter um sutiã com armação ou renda bem diante do seu rosto.

E, pior ainda, na cara do seu marido.

Como eu, uma dona de casa suburbana que teve dois filhos (os dois nasceram pesando quase 4,5 quilos), pode pensar em competir com a Gisele Bündchen em toda sua glória retocada? Não posso competir com ela (que droga!), mas isso não significa que devo desistir de tudo e, todas as noites, usar pijama para dormir.

Ouvimos dizer a toda hora que toda mulher precisa de um guarda-roupa conciso — itens selecionados de trajes básicos que podem ser misturados, combinados e atualizados com peças da moda para que você se vista com confiança e fique pronta em questão de minutos.

Agora está na hora de pensar em um guarda-roupa conciso de roupas íntimas — algumas peças básicas nas suas cores favoritas que podem ser usadas todas juntas para você se sentir fabulosa.

Eis as peças básicas que toda mulher precisa ter e amar:

- Pijama de seda. Não, eles não mostram muito, mas cada peça deve ser vestida separadamente (a parte de baixo com uma camisola de seda e a parte de cima sozinha). Além disso, você tem algo bonito e divertido que a mantém coberta para quando seus sogros vêm visitar vocês.
- Conjunto curto de seda com shortinho. Essas peças podem ser misturadas e combinadas com as do item acima ou usadas juntas quando a abordagem mais despida for apropriada.
- Robe. Esse estilo de roupão fica ótimo em todo mundo e cobre o suficiente para sair para pegar o jornal, e você ainda faz essa atividade com uma aparência excelente e sexy.
- Um sutiã rendado combinando com a calcinha. Com certeza, é um prazer para uma multidão de um. O estilo da roupa íntima é escolha sua.

Pense nesses itens opcionais para deixar as coisas um pouco mais divertidas:

- Saltos altos fabulosos — Os saltos têm uma habilidade mágica de fazer suas pernas parecerem mais longas e definir melhor a área do bumbum. A coisa boa é que não faz mal que não sejam os sapatos mais confortáveis do mundo — você provavelmente não vai usá-los durante muito tempo.
- Um modelador abdominal — Diminui a barriga e fica ótimo em qualquer formato de corpo.
- Um boá — Deixo essa por conta da sua imaginação.

> Cabe a você garantir que dormir não seja tudo que acontece quando usar sua linda camisola nova.

Vista algo sensual para dormir. Não precisa ser uma daquelas peças com quase nada de tecido — talvez apenas um camisão de seda ou uma camisola rendada, o objetivo é jogar fora a camiseta que você geralmente usa.

Além disso, cabe a você garantir que dormir não seja tudo que acontece quando usar sua linda camisola nova.

Se você não se sente confiante na arena da roupa íntima, veja o artigo de Jill Swanson, "Um guia real para a compra de roupas íntimas", no final deste livro.

Faça um esforço extra para se sentir ótima com você mesma. Você sabe que algo do seu estado de espírito é transferido para seu marido.

### Oração para hoje

Querido Deus, às vezes considero o sexo um fardo, em vez de

uma dádiva para mim e meu cônjuge. Por favor, ajude-me a me sentir confiante em minha vida sexual.

## Relatórios do projeto

"Está certo, isso é muito divertido. A gaveta de baixo da minha penteadeira tem uma grande abertura para guardar esses itens. Acontece que a gaveta de baixo é minha gaveta das 'camisolas de seda'. Bem, nosso bebê de dois anos pegou minha roupa íntima de bolinha (fácil e de rápido acesso) e trouxe para o meu marido. Nós dois demos uma boa risada e recebi um lembrete muito pessoal de como fazer o projeto do dia para meu marido." — Karmyn

"Joguei fora uma velha camiseta que amava vestir para dormir. Aaahh. Em todo caso, levei a sério alguns comentários que meu marido fez para mim e agora vou para a cama usando (Aaahh!) nada. Achei que isso seria um convite aberto para ter relação sexual o tempo todo, mas não é assim. Mas, menina, ele é um homem feliz! Ele consegue olhar tudo que quer, e os homens são de fato seres visuais. Todos ganham." — Annie

"Comprei, de fato, algo especial algumas semanas atrás, mas ainda não tinha tirado da gaveta. Então, na noite passada, finalmente o usei e surpreendi meu marido. Claro que ele gostou. Ah, também queria comentar que não precisa gastar muito em uma dessas coisas do tipo 'peças ínfimas', encontrei coisas ótimas e bem baratas." — Christina

"Meu marido viaja, então, quando ele consegue trabalhar em casa, podemos desfrutar da companhia um do outro no almoço. A pequeninha roupa íntima, toda combinada, sempre acrescenta algo a nossa hora da 'sobremesa.'" — Elizabeth

**Seu plano para o projeto** (*copie seu plano na seção* Planejamento do projeto *no final do livro*)

**Seus resultados** (*a reação dele, a minha reação etc.*)

# Terceira semana de projetos

Projeto 15

# O que não usar

## Abrindo mão da calça do pijama

*"Toda vez que uma mulher tira algo que está usando, ela parece melhor, mas toda vez que um homem tira algo que está usando, ele parece pior."*

WILL ROGERS

### Seu projeto

> Desfaça-se de alguma peça de roupa que sabe que seu marido não ama. Se for uma roupa favorita da qual tem dificuldade em se desfazer, vá em frente e compre uma roupa substituta que saiba que seu marido vai amar.

COMEÇAMOS A SEMANA NOS desfazendo de uma peça de roupa "confortável". Você sabe de que roupa estamos falando — pode ser uma calça de moletom, algum chinelo confortável ou um casaco tipo abrigo. Talvez seu marido nem perceba que você se desfez dessa peça de roupa. O ponto é que você está dando mais um passo em direção a pensar nele quando se veste, em vez de usar mais uma vez a mesma roupa folgada e confortável.

Apenas livre-se dessa peça. Isso é tudo. Você sabe qual é a "peça". Para mim, era meu bermudão marrom de moletom que achava perfeitamente aceitável — mas sabia que Roger o odiava em segredo. Substitui a peça por uma bonita calça marrom com um casaco com capuz combinando para quando estou trabalhando em casa ou levando as crianças para todas as suas atividades. Essa roupa é bonita e confortável.

*Uma lista de dez itens de roupa que nunca devem ser usadas perto do marido*

A menos que seu marido tenha dito especificamente: "Você fica linda assim", enquanto você usava um desses itens; caso contrário, precisa ser descartado. Não me faça ir adiante e dizer a você "o que não pode usar".

1. Camisa de time de futebol (a menos que seja do time do seu marido e esteja usando-a como uma camiseta noturna sexy)
2. Macacão (a menos que vocês dois trabalhem em uma fazenda)
3. Tênis de corrida para qualquer outra coisa que não seja correr
4. Jeans antiquado (cintura alta, perna cônica e plissado na cintura, oh...)
5. Qualquer suéter com estampas de árvore de Natal ou abóbora de Halloween. (A menos que você seja professora do jardim da infância. Mas mesmo assim troque por algo bonito assim que chegar em casa. Não há nada de sensual em usar roupa com ornamentos.)
6. Vestidos longos com motivo floral que são amarrados nas costas. Eles a fazem parecer espadaúda e parece que está usando uma toalha de mesa.
7. Qualquer coisa com lavagem manchada. Não preciso dizer mais nada.
8. Roupa íntima que tenha alguma forma de pino de segurança ligado a ela.

9. Sutiã de amamentação. Especialmente se seu filho estiver agora com seis anos.
10. Qualquer coisa que algum ex-namorado tenha dado a você.

Quando mandei um e-mail para minha amiga Rachelle dizendo que estava trabalhando nessa lista, recebi esse aviso dela: "*Certifique-se* de incluir moletom largo em sua lista. Quando imaginei isso, saí e troquei todas minhas calças largonas por jeans bonitos, camisetas e *leggings* sensuais. Bem, digamos apenas que as coisas ficaram muito mais animadas na minha casa".

Encerro meu caso.

> Seja a melhor versão de você mesma que consegue ser — e, nesse processo, honre seu marido.

*Indo aonde nenhum homem foi antes*

Você deu uma espiada em sua gaveta de roupas íntimas ultimamente? Não importa se você é uma garota do tipo calcinha de algodão ou fio dental de renda. O importante é que você não tenha uma atitude do tipo: "Quem se importa? Ninguém vai ver". Alôôôô, ele vai ver. Pelo menos, vai se você estiver fazendo os projetos bônus.

Nossas mães colocavam o assunto da forma correta. Se você sofresse um acidente de carro e ficasse constrangida por causa do que está usando, troque a roupa íntima. Jogue essas roupas íntimas gastas com elástico ruim e que costumavam ter uma cor totalmente diferente até serem acidentalmente misturadas com a camiseta de futebol do seu marido, tendo agora uma tonalidade de verde inusitada, que não encontramos em nenhum lugar da natureza.

*Truques da substituição*

Talvez você tenha roupas maravilhosas, mas não as ferramentas certas para destacá-las.

Há alguns anos fui a uma estilista que me ajudou a combinar alguns trajes. Fiquei impressionada com os truques que ela tinha à disposição para fazer minhas roupas passarem de agradáveis a elegantes e adequadas. Eis aqui alguns dos itens que talvez você queira investigar antes de jogar fora aquela incrível blusa de seda que simplesmente não parece adequada ou a maravilhosa calça preta que está apenas um pouco apertada.

*Modeladores.* Eles são melhores que um mês da dieta da sopa de repolho. Os modeladores são roupas íntimas confortáveis que afinam sua silhueta. Não sei como eles fazem isso, mas funcionam.

*Ombreiras.* Não se preocupe; não estou falado de ombreira do tipo da Joan Crawford ou do seriado *Dinastia*. Falo sobre um tipo pequeno de ombreira, discreto e quase invisível que modela os ombros estreitos demais.

*Fashion Tape.* Essa é uma invenção maravilhosa. É uma fita adesiva dupla face que pode transformar sua blusa de seda favorita que é apenas um pouco reveladora demais em algo que você pode vestir com orgulho e perto da sua avó.

Lembre-se: essas recomendações não são dadas para que você desista de seu estilo pessoal, mas sim para que seja a melhor versão de si mesma que você pode ser — e, nesse processo, honre seu marido.

## Oração para hoje

Querido Deus, ajude-me a focar em maneiras de fazer meu marido saber que merece todo meu amor e atenção.

## Seja criativa

- Como estão seus chinelos? Bem, se eles forem o par que tinha na faculdade, está na hora de mandá-los embora.
- Para uma de minhas amigas, o problema era uma presilha de cabelo que parecia estar tempo demais em uso. (Houve um bônus aqui porque algumas das amigas dela estavam prestes a intervir na presilha de cabelo. Esse projeto a fez escapar do programa de 12 passos para se libertar da presilha de cabelo.)
- Aquele suntuoso roupão felpudo que conseguiu vários anos atrás em um *spa* perdeu sua sensação de "me envolva em luxo" e provavelmente se qualifica para material da cama do cachorro. Está na hora de encontrar outro roupão, e a única coisa pendente será o cinto.

## Relatórios do projeto

"Consegui me livrar de todos os moletons confortáveis e agora não tenho nada bonito para vestir. Por isso, dei uma dica para meu marido sobre um *site* excelente de roupas que ele pode consultar para o Dia dos Namorados. É uma situação em que todos saem ganhando. Ele compra algo em que amaria me ver, e consigo um presente. Acho que ele amou a ideia." — MV

"Fiz minha própria intervenção hoje. Examinei todos meus moletons e separei para doação os que eram mais confortáveis que bonitos. Só porque eles não ficam bonitos em mim não quer dizer que outra pessoa não ficará bonita neles." — Marie

"Que projeto divertido! Fui a um centro atacadista em que encontrei duas lojas imensas de roupa íntima com preços ótimos. Comprei uma elegante camisola branca e um conjunto floral rosa escuro divertido e sensual... tão não eu! (Normalmente, uso minha roupa de correr na cama — é patético, sei disso, mas muito prático.) Meu marido está viajando esta semana, mas estou aguardando ansiosa sua reação quando voltar" — Karmyn

**Seu plano para o projeto** (*copie seu plano na seção* Planejamento do projeto *no final do livro*)

**Seus resultados** (*a reação dele, a minha reação etc.*)

Projeto 16

# Será que está quente aqui, ou é você?

## Deixe que ele saiba que você ainda o acha irresistível

*"Vivo bem durante dois meses com um bom elogio."*

MARK TWAIN

### Seu projeto

Hoje, de alguma maneira discreta, faça seu marido saber que sente atração física por ele.

UMA DAS COISAS QUE SEU MARIDO procura é afirmação. Ele saber que você o acha desejável e atraente, será o suficiente para lhe dar confiança em outras áreas da vida.

O que a atraiu nele logo de cara? Sei que ele tinha um ótimo senso de humor e era agradável, mas vamos ser mais superficiais que isso. Que atributo físico notou nele de início? Foram seus penetrantes olhos verdes, seu sorrisinho de lado, seu traseiro bonito? Esse é o projeto para lembrá-la que ele ainda "mexe" com você.

A juventude é desperdiçada nos jovens.

— George Bernard Shaw

*Eu sei, não é justo*

A maioria dos homens, à medida que envelhecem ficam com uma aparência melhor. A maioria de nós, como garotas crescidas, gosta de rapazes com uma mecha de cabelo grisalho e algumas linhas de expressão ao redor dos olhos.

Mas quando pensamos em mulheres envelhecendo, não há palavras para descrever o processo de envelhecimento como gracioso. (Se alguém ousasse me chamar de "mulher bem-apessoada", essas seriam as últimas palavras coerentes a sair da boca dessa pessoa.)

Se chamar um homem de maduro, vem à sua mente a imagem de Sean Connery. É mais provável que uma mulher madura a faça se lembrar de sua professora de digitação do Ensino Médio que usava os óculos em uma corrente passada em torno do pescoço e sapatos corretivos nas cores marrom, preto e azul marinho.

No entanto, apesar de os homens terem uma vantagem definitiva nessa área, encontramos formas de igualar o jogo. Usamos maquiagem, modeladores e cosmética e fazemos luzes em nosso cabelo sem que nossas amigas nos censurem. Temos formas ativas de lutar contra o processo de envelhecimento, enquanto a maioria dos homens fica com uma única opção — aceitar graciosamente o que o tempo está realizando.

É nessa parte do "graciosamente" que podemos ajudar. Apesar de os nossos maridos estarem perdendo um pouco de cabelo e suas orelhas estarem aumentando de tamanho, (posso simplesmente dizer aqui e agora: "Obrigada, Jesus, pelo fato de nós mulheres não termos de lidar com *isso*"), o fato de ele saber que você o acha atraente vai fazer com que seja muito mais fácil ele aceitar o envelhecimento.

*São necessários óculos de lente cor-de-rosa*

Uma mulher mais velha, Mary, deu-me o melhor conselho marital que já recebi. Depois de me dizer que reservava todos os dias um pouco de tempo para orar por seu marido e pela relação deles, a coisa seguinte mais importante que disse foi: "Você precisa entrar em seu casamento de olhos abertos, mas uma vez que está no casamento, mantenha seus olhos meio fechados."

Bem, Mary não estava sugerindo que se fizesse vistas grossas para o pecado, mas, antes, que é necessária uma quantidade imensa de graça para fazer um casamento funcionar.

Quero o mesmo tipo de graça quando lidar com o problema de a testa do meu marido estar cada vez maior. Precisamos focar o melhor um do outro em todas as áreas do nosso relacionamento — e para seu marido, saber que você ainda está apaixonada pelos pequenos detalhes é uma excelente forma de encorajá-lo.

*Mostre a ele seu (doce) coração*

Se esse é um conceito novo para você, talvez seja difícil ser divertida e flertar — em especial se da última vez que lhe disse como a aparência dele era maravilhosa foi no dia do casamento de vocês. Por que não flertar com alguns doces em formato de coração? Diga-lhe frases simples como:

- "Seja meu"
- "Seja bom"
- "Seja verdadeiro"
- "Meu marido"
- "Beije-me"

## Oração para hoje

Querido Deus, que meu marido saiba que sinto atração por ele e o escolhi entre todos os outros homens.

## Seja criativa

- Em busca de inspiração? Examine o livro Cântico dos Cânticos no Antigo Testamento. Fala sobre saber como mostrar sua admiração — uau!

> "As pessoas têm uma maneira de se transformarem naquilo que você as encoraja a ser, não naquilo que você as aborrece para ser."
> — Autor desconhecido

- Está um pouco sem prática no flerte? Imagine o que você amaria ouvir do seu marido e diga isso para ele.
- Olhe seu marido enquanto ele está no banho e apenas fique ali admirando. Quando ele perguntar o que está olhando, apenas suspire e diga: "Apenas aproveitando o show".
- Não é justo usar sua sedução feminina com ele quando ele está fazendo uma tarefa doméstica. As palavras: "Uau, você fica tão sensual enquanto limpa o banheiro" não são permitidas.

## Relatórios do projeto

"Bem, sou bastante reservada para contar exatamente o que aconteceu, mas comuniquei a meu marido que ele é sexy e que sinto atração por ele. A reação dele, para dizer o mínimo, foi fantástica. Ele ficou tão surpreso e tão tão

tão contente. Esse projeto foi o vencedor número um até agora." — Elaine

**Seu plano para o projeto** (*copie seu plano na seção* Planejamento do projeto *no final do livro*)

**Seus resultados** (*a reação dele, a minha reação etc.*)

Projeto 17

# Mate a aula

## Dê essa noite (ou manhã) de folga para seu marido

*"A marca do homem bem-sucedido é a daquele que passa o dia todo às margens de um rio sem sentir culpa alguma."*

AUTOR DESCONHECIDO

### Seu projeto

Dê um tempo de folga a seu marido. Contrate alguém para fazer as tarefas dele na casa (ou, se o dinheiro estiver apertado, faça-as você mesma). Apenas lhe dê uma chance para relaxar.

OS HOMENS TÊM MUITAS responsabilidades na vida. Uma grande parte da identidade de seu marido envolve prover para você e ser o homem que você precisa que ele seja; assim, ele tem constantemente de provar ao mundo seu valor como homem.

Além disso, a garagem precisa ser limpa.

No seriado muito parecido com a vida real *Raymond e companhia* houve um episódio maravilhoso em que Amy, cunhada de Raymond, não parou de falar com ele durante um jogo de basquete que estava passando na tevê. Quando Ray menciona como aquilo o aborrece, Amy responde: "Devia ter percebido que você é apenas um homem, e os homens querem relaxar e assistir à tevê! Devia ter

> "Cada um examine os próprios atos, e então poderá orgulhar-se de si mesmo, sem se comparar com ninguém, pois cada um deverá levar a própria carga."
>
> — Gálatas 6:4-5

deixado você sozinho". Nesse ponto, o pai de Ray, Frank, grita: "Amy, você quer se casar comigo?"

É verdade — os homens querem desesperadamente um tempo para apenas ser homem e se divertir.

Que tal dar uma noite (ou manhã) de folga para seu marido? Se seu marido passa em geral as manhãs de sábado cortando a grama ou fazendo outras tarefas domésticas, livre-o dessas tarefas. Contrate o filho do vizinho para aparar as sebes ou limpar a calha. Faça-o saber que você sabe que ele merece uma folga.

Muitas de vocês estão dizendo: "Amaria dar uma folga a ele se ele *fizesse* de fato alguma tarefa doméstica". De todo jeito, contrate alguém. Seu marido relaxa, e você tira aquela tarefa da lista de "afazeres do querido" (ou seja, a tarefa chata) da semana.

Sei que a área das responsabilidades domésticas é um tópico explosivo na maioria dos casamentos. Para Roger e eu, ela está em um segundo lugar bem próximo dos problemas com os filhos (e em uma família composta de casal e os filhos de casamentos anteriores, isso quer dizer muita coisa). Muitas vezes esperamos que nosso marido tenha os mesmos padrões bem definidos que temos. Esperamos que porque *alguém* vê uma pilha de equipamentos de futebol na entrada da casa, *alguém* reconheça que há um risco de incêndio e que as pessoas podem cair e quebrar o pescoço e que *alguém* devia fazer alguma coisa a respeito.

A verdade é que os homens casados, a grande maioria deles, simplesmente não percebem essas coisas. Então, reclamamos, e resmungamos e "lembramos" nosso marido. E as toalhas ainda continuam no chão, os pratos ainda estão na pia e continuamos a oscilar à beira da loucura.

Você obteve a resposta esperada com o resmungo?

Nenhum outro ser humano vai fazer tudo que queremos, quando queremos e como queremos. Simplesmente não funciona dessa maneira.

Eu sei, eu sei, o marido da sua amiga Laura envia flores para ela no trabalho e lava a roupa sem que ela peça (e sabe como separar e dobrar a roupa). Seria fácil olhar o marido dela e compará-lo com o seu. Mas o que você não sabe é o conflito que existe por trás da porta fechada. Temos apenas um relance do que acontece na porta ao lado.

Todo casamento é composto de uma série de concessões, acordos e graça. Por isso é importante entender e até mesmo celebrar essas diferenças. Conforme Leon Tolstói disse certa vez: "O que conta para criar um casamento feliz não é tanto quão compatíveis vocês são, mas como lidam com a incompatibilidade".

Reclamar e resmungar não nos leva a lugar algum. A esposa que segue a Cristo, adepta, portanto, da contracultura, talvez não mude a habilidade de seu marido de ver o rabisco na parede, mas suavizará seu coração em relação a seu cônjuge.

### *Por outro lado*

Alguns maridos podem ficar ofendidos por alguém ser contratado para fazer suas tarefas. Principalmente se seu marido estiver passando por dificuldade no trabalho, desempregado ou, de alguma outra maneira, sentindo-se pouco confiante quanto a suas habilidades. Você não quer de maneira alguma dar a impressão de que acha que ele não faz o trabalho da maneira que você quer que seja feito e também não quer sugerir a possibilidade que você imagina que o garoto aí do lado se sai melhor nessa tarefa.

Se esse é o caso em sua casa, que tal comprar uma ferramenta para ajudá-lo com uma de suas tarefas regulares? Uma esponja apropriada para limpar o carro dele, um ancinho para substituir aquele que comprou quando mudaram para sua casa ou o conserto do cortador de grama a fim de regulá-lo, todas essas são maneiras de dizer *amo você* sem o fazer se sentir como se você achasse que ele não está cumprindo a parte dele no acordo.

Lembre-se, tudo diz respeito a sua atitude. Nunca deve ser nossa intenção "provar nosso ponto de vista". O único ponto a provar é que amamos nosso marido e queremos mostrar a ele nosso apreço.

## Oração para hoje

Querido Deus, oro para que meu marido encontre lugares para descansar em seu dia. Que eu contribua para isso hoje.

## Seja criativa

- Leve o carro dele para lavar. Ponha um cartão de presente da cafeteria no cinzeiro do automóvel dele para deixar sua manhã um pouco mais luminosa.
- Meu marido e eu odiamos absolutamente chamar pessoas para consertar as coisas. No entanto, se faço os arranjos para alguém vir, ele fica mais que feliz em lidar com esse especialista em questão quando este chega em casa. De repente, minha parte parece muito administrável e sinto que estou deixando meu marido fazer aquilo em que se sai melhor, enquanto contribuo com o que posso na situação.

## Relatórios do projeto

"Sempre encontro tempo para meu marido ter tempo para ele mesmo. Ele tem um trabalho muito estressante como controlador de tráfego aéreo, por isso, o tempo pessoal para ele é uma das minhas prioridades. Reservamos uma quantidade de tempo diário para ele relaxar, e isso vale a pena para nós dois." — Danielle

"As manhãs de sábado, como duas semanas atrás, são o tempo do meu marido em que tem a "casa toda para ele mesmo". Toda manhã de sábado, por volta das 7h45 até pelo menos às 10h15, levo todos para fora de casa. Antes de sair preparo a cafeteira para fazer o café por volta das 9h30. Meu marido ama dormir e acordar em paz, calmo e ter o café recém passado! Fez uma diferença enorme para todo nosso fim de semana apenas dar a ele algum tempo na manhã de sábado." — Karmyn

"Meu marido não é realmente bom em tirar um tempo pessoal, mas quando surgiu uma oportunidade para ele participar de uma conferência sobre computador com seus amigos (apenas por diversão, sem relação com trabalho), encorajei-o de fato a participar. Ele tirou o dia de folga no trabalho e só chegou em casa às 23h. Ele estava tonto quando chegou em casa. Ele se divertiu por comer fora o dia inteiro, ficar com os amigos e fazer algo que poderia ter me aborrecido até as lágrimas." — Laura

**Seu plano para o projeto** (*copie seu plano na seção* Planejamento do projeto *no final do livro*)

**Seus resultados** (*a reação dele, a minha reação etc.*)

## Projeto 18

# Hoje o jantar é por minha conta

## Leve-o para saborear a refeição favorita dele

Elaine: *Você já percebeu como as pessoas ficam contentes quando finalmente conseguem uma mesa? Elas se sentem tão especiais porque foram escolhidas. Isso é o que basta para deixar você furioso!*
Jerry: *Nossa, você está realmente com fome.*

SEINFELD, O EPISÓDIO DO RESTAURANTE CHINÊS

### Seu projeto

Leve-o a seu restaurante favorito.

SEI POR QUE *VOCÊ* GOSTA de comer em restaurantes. Planejar para alimentar vocês dois (fica ainda mais complexo se for alimentar membros adicionais, e às vezes exigentes, da família) é apenas metade da luta para preparar o jantar. Depois, você tem de fazer compras para o jantar, cozinhar e geralmente não receber nem um agradecimento por isso. Ir a uma churrascaria seria muito mais fácil.

Mas por que seu marido gosta tanto de sair para comer? Pedi a algumas amigas para conversar com o marido sobre o apelo de jantar na cozinha de outra pessoa. Eis o que elas disseram:

> Jantar fora é mais um evento que apenas um jantar.

"A resposta do meu marido foi que é uma variação na rotina ou, dependendo do restaurante, uma oportunidade para me namorar. Meu pensamento era 'ficar livre da tarefa de lavar os pratos'!" — Sherry

"Meu marido disse: 'Porque é relaxante, focamos um no outro e é um momento especial.' Perguntei-lhe se tinha algo a ver com comer o que não tem em casa. Ele disse que *não*. Apenas tem a ver com estar comigo. 'Podemos ir ao McDonald's e ter um bom momento, não me importo com o lugar.'" — Angela

"Meu marido viaja com frequência, então faz muitas refeições em restaurantes. Apesar disso, ainda jantamos fora sem as crianças algumas vezes por mês. Ele diz que, para ele, a atração é fugir da nossa programação atribulada e ter um tempo de calma juntos. Com mais frequência que não, combinamos o jantar fora com um cinema, por isso, na mente dele, esse é um bom evento de noite de namoro. Ele comentou que desde que também gostamos de arte culinária e de saborear refeições espetaculares, jantar fora e compartilhar refeições e sobremesas (que, em geral, não são consumidas em nossa casa fora de feriados ou festas com jantar) é mais um evento que apenas um jantar." — Teresa

### *Uma noite no centro — estilo surpresa*

Meu marido ama sair para jantar. Ele me promete que não tem nada que ver com minha culinária; ele apenas gosta de toda a experiência de jantar no centro.

Recentemente, fui ao restaurante mexicano favorito dele e adquiri um cartão de presente com valor apenas suficiente para cobrir um jantar para dois. Naquela noite, quando ele entrou na garagem com o carro, o peguei de surpresa e lhe disse que naquela noite o jantar era por minha conta. Entrei no carro e partimos para nossa noite de namoro levemente improvisada. Para mim, é provável que esse tenha sido o projeto mais bem-sucedido até agora; ele ainda fala sobre como foi ótimo chegar em cassa e ver que tudo estava planejado.

### *Comida de restaurante com todos os confortos de casa*

Caso seu marido seja um daqueles homens que realmente não gostam de sair para jantar, que tal trazer a experiência do restaurante para casa? Várias das nossas redes preferidas de restaurante têm menu on-line para entrega e também *drivethru* para viagem de modo que o tempo para fazer o pedido e receber sua refeição é tão rápido que eles mal têm chance para perguntar: “Você quer fritas para acompanhar?”

### *O orçamento da noitada*

Seu marido é um grande fã de comidas especiais de restaurantes que ele adora, mas não tem comido nada disso porque você está tentando ficar dentro do orçamento?

Na internet é possível encontrar adaptações dessas receitas, e a refeição se tornará um prazer. Com um pouco de paciência (e muito menos dinheiro) você consegue ter os pratos prediletos de seu marido à espera dele quando ele entrar pela porta. E, no fim do mês, sem nenhum resquício de sabor amargo de cartão de crédito para lamentar sua escolha.

## Oração para hoje

Querido Deus, meu desejo mais profundo é que meu marido saiba que é amado e apreciado por mim. Faça com que minhas palavras, planejamento e ações reflitam isso todos os dias.

## Seja criativa

- Caso não saiba se seu marido vai estar com o tipo de disposição que um jantar surpresa exige, presenteie-o com o cartão presente a ser usado naquela noite ou em outra noite da escolha dele.
- Talvez um filé grelhado seja exatamente o que seu marido amaria encontrar em casa ao chegar. Veja se consegue reproduzir o tempero do filé do restaurante predileto de vocês.

## Relatórios do projeto

"O projeto é fácil — apenas deixei a comida chinesa pronta para ele. Ele vai amar!" — Stephanie

"Parece que não conseguimos encaixar uma refeição surpresa nesses dias, por isso, quinta-feira ao meio-dia logo antes de ele se aprontar para ir para o centro, fiz o almoço favorito dele, acendi velas e coloquei um vaso com orquídea sobre a mesa. Ele olhou para a mesa, sorriu com uma piscada de olhos e disse: 'Para que isso?' Ele ficou totalmente surpreso e gostou demais." — Elaine

**Seu plano para o projeto** (*copie seu plano na seção* Planejamento do projeto *no final do livro*)

**Seus resultados** (*a reação dele, a minha reação, etc.*)

## Projeto 19

# O serviço aqui é excelente

## Leve para casa a experiência dos hotéis com café da manhã

*"É impossível exagerar a luxúria."*

Provérbio francês

### Seu projeto

> Dê a sua casa um toque de hotel ao fazer algo um pouco mais especial que tanto você quanto seu marido vão desfrutar.

Um dos nossos lugares favoritos para dar uma escapada é um hotelzinho nas montanhas. Se perguntar a meu marido por que ele gosta tanto de lá, é bem provável que o ouça falar sobre o prato de queijo com biscoitos *cream cracker* e frutas que está sempre a nossa espera quando chegamos. (Meu pensamento sempre é: "Fantástico, acabamos de gastar o equivalente a um mês em mantimentos em um prato de queijo com biscoito *cream cracker.*")

*Por que amamos um bom hotelzinho*

O que há de tão bom na experiência de hotel de meia-pensão que nos faz querer pagar mais de R$ 300,00 por noite para dormir no lençol de outra pessoa e comer ovos quentes de manhã?

- *Não estar em casa*. Ninguém sabe o telefone do hotelzinho, portanto, se desligarem seus celulares, estão incomunicáveis. Sua filha não pode bater à porta para convidá-la para uma ida à casa da boneca.
- *O quarto é limpo todos os dias*. Bem, sei que algumas de vocês limpam o quarto todos os dias, mas isso não importa. É muito melhor quando outra pessoa faz isso para você.
- *A cama é feita*. Bem, sei que sou mimada porque meu marido faz a cama todos os dias. Mas como é ótimo quando você sai mesmo que por apenas meia hora e ao voltar encontra a cama feita. Os travesseiros afofados e com uma balinha de menta à espera de ser deliciada.
- *O privilégio de atacar a despensa*. Essa é uma das invenções do sistema moderno de hotéis uma vez que as cortinas se fecham. Amo a ideia de descer a escada e examinar o refrigerador de outra pessoa. Isso não é ótimo? E eles não têm as coisas comuns como as que temos em nosso refrigerador; não apenas restos estranhos de uma cesta de Natal ganha em, aproximadamente, 1998 e alguma mostarda *dijon*. Tem alimento de verdade no refrigerador. Alimentos nos quais meus filhos ainda não avançaram. Não tenho de escrever meu nome no alimento reivindicando que é meu e quem tocar nele corre o risco de ouvir um sermão daqueles. Pelo menos no hotelzinho com meia-pensão em que ficamos, a despensa incluía todos os ingredientes para sanduíches com quilômetros de altura, um prato de frutas e morangos mergulhados no chocolate.
- *O café da manhã é servido*. Há um café da manhã recém-preparado a nossa espera quando descemos a escada. (No delicioso hotel de meia-pensão na casa de árvore, os

proprietários traziam de fato o café da manhã para nós.) Nada no menu foi preparado a partir de uma caixa de cereais.

- *Os balcões do banheiro estão sempre limpos.* Basta dizer isso.

*De volta para casa e para a realidade*

Infelizmente, a maioria de nós não tem recursos para ficar indefinidamente no hotelzinho meia-pensão local. Portanto, é provável que esteja na hora de trazer algo da experiência desse hotelzinho para casa. Eis algumas dicas da *designer* e autora Kathryn Bechen (www.kathrynbechenink.com) para ajudá-la a conseguir aquele sentimento de repouso e relaxamento em seu próprio quarto:

*Acabe com a bagunça.* Organize seu quarto quando começar o afofamento dos travesseiros. Nada acaba com o romantismo mais depressa que uma pilha de revistas empoeiradas e parafernália tecnológica.

*Brigada de limpeza.* A seguir, está na hora do pano e do aspirador de pó. Ponha alguma música para tocar e deixe a limpeza divertida.

*Lençóis sensuais.* Compre lençóis novos e coloridos em uma estampa que você ame e com pelo menos trezentos fios.

*Edredon divino.* Invista em um bonito edredon ou uma bela colcha para a cama. Isso dá uma renovada no quarto no mesmo instante.

*Travesseiros atraentes.* Travesseiros novos e capas para travesseiros combinando com os lençóis e o edredon dão mais suavidade a sua cama.

*Arranjo de flores.* Compre algumas flores frescas e ponha-as em seu vaso favorito.

*Velas aconchegantes.* Algumas velas tremeluzentes adicionam romantismo ao seu novo quarto de hotelzinho.

*Música mágica.* Agora, um pouco de jazz leve ou música clássica para dar o tom da noite.

*Desligue a televisão.* A menos que você e seu marido façam a escolha intencional de assistir a um filme cômico ou romântico juntos, desligue a televisão.

*Bandeja de delícias.* Traga uma bandeja de drinks e queijos com alguma fruta fresca, diminua a luz e daí já está preparada para uma estadia adorável e romântica em seu próprio quarto de hotelzinho. Divirta-se!

*São realmente os pequenos detalhes*

Qualquer pequeno toque que decida incorporar em seu hotelzinho caseiro, esse é um projeto no qual não tem de se preocupar com a reação de seu marido. Esse projeto tem mais que ver com ajustar sua atitude e com realçar seu espaço do que com conseguir um *uau* do seu marido.

Com o simples ato de afofar os travesseiros, acender uma vela ou preparar uma pequena bandeja de alimentos para vocês dois, seu coração já se volta para ele.

Com o simples ato de afofar os travesseiros, acender uma vela ou preparar uma pequena bandeja de alimentos para vocês dois, seu coração já se volta para ele. Todos se beneficiam com um ambiente relaxante (e uma esposa descontraída).

Por que não preparar um lanche para compartilharem quando ele chegar em casa? Algumas das frutas secas e do chocolate favoritos dele no quarto de vocês ou algum queijo com biscoitos na varanda podem ser a transição de que ele precisa após um longo dia de trabalho. Ou tente isto caso ele prefira algo um pouco mais doce:

### Fruta mergulhada no chocolate

Um pacote de chocolate ao leite em pedaços de 50 gramas (2 colheres)
¼ xícara de gordura vegetal
Morangos, uvas, bananas, maçãs, kiwi ou abacaxi

Derreta os pedaços de chocolate em banho-maria com água quente (não fervendo); mexa até amolecer. Tire o chocolate do fogo, mas mantenha sobre a água quente. (Se o chocolate engrossar, volte-o ao calor e mexa até amolecer.) Faça uma xícara de chocolate derretido. Para o método de micro-ondas, derreta o chocolate por um minuto na temperatura alta; mexa. Repita a operação.
Mergulhe os pedaços de fruta no chocolate, sacuda gentilmente o excesso. Ponha sobre uma folha de papel alumínio. Deixe resfriar por 10-15 minutos, até o chocolate endurecer. Desgrude da folha de papel alumínio. Se a cobertura de chocolate começar a derreter, volte a fruta para o refrigerador.

## Oração para hoje

Querido Deus, lembre-me de tratar meu marido com mais cuidado e honra que qualquer convidado que venha a nossa casa.

## Seja criativa

- Meu marido ama um tipo especial de cerveja preta que não posso manter estocada em casa. (Com quatro filhos adolescentes é difícil impedi-los de comer ou beber qualquer coisa que atravesse a linha de visão deles.) Se quero ter certeza de que ele vai tomar um copo gelado depois do trabalho, escondo a cerveja preta debaixo dos vegetais no gavetão na parte de baixo do refrigerador — não tem perigo das crianças olharem ali.

- Se seu marido chega em casa antes de você, planeje de antemão e esconda uma guloseima para ele no refrigerador. Telefone durante o dia e lhe diga o que está à espera dele.

## Relatórios do projeto

"Essa última sexta-feira, preparei todos os aperitivos favoritos do meu marido para que quando ele chegasse em casa fosse saudado com alimento e bebida. Tive de ir buscar um dos nossos filhos, por isso, não estava em casa na hora em que ele chegou. Quando cheguei em casa, fui saudada na porta com um beijo bem gostoso. Sei que ele gostou do pensamento de procurar tornar sua chegada em casa especial." — Sue

**Seu plano para o projeto** (*copie seu plano na seção* Planejamento do projeto *no final do livro*)

**Seus resultados** (*a reação dele, a minha reação, etc.*)

Projeto 20

# Bilhetinhos adesivos, a maior invenção do homem

## Deixe uma palavra de incentivo

*"Uma simples palavra pode renovar a esperança."*

Lois Mayday Rabey

### Seu projeto

Deixe um bilhetinho fofo e de paquera para seu marido encontrar.

Mantenha as coisas simples hoje. Ponha um bilhetinho adesivo na pasta dele, no para-brisa do carro, na carteira dele, em qualquer lugar em que ele possa encontrar o bilhete. Escreva um bilhete divertido, de flerte, mas certifique-se que seja *ele* quem vai encontrar o bilhete. Piscadinha.

> Não há nada mais encorajador para meu marido que saber que estou ao lado dele.

Está bem, alguns maridos vão pensar que é baboseira sentimental. Mas se não puder ser romântica em seu casamento, quando pode ser?

Tudo que quero que você faça é dar a ele um pouquinho de encorajamento. Sei que não há nada mais encorajador para meu marido que saber que estou ao lado dele. Quero que ele saiba, ao longo do seu dia, que independentemente de como as coisas estão difíceis no trabalho, ele tem alguém em casa torcendo por ele. Tudo que é necessário para isso é um bilhetinho adesivo e cerca de dois segundos para pensar no que escrever.

*Ideias para o bilhete*

1. Estou orando por você hoje.
2. Você está muito bonito com esses jeans.
3. Amo você.
4. Você é o melhor pai do mundo.
5. Você é o tipo de marido que deixa as outras esposas com inveja.
6. Você mexe com o meu mundo!
7. Mal posso esperar para vê-lo hoje à noite! Me encontre lá em cima.
8. Obrigada por trabalhar arduamente em prol da nossa família. Valorizo tudo que você faz.
9. Você faz eu me sentir bonita.
10. Agradeço a Deus todos os dias por você.
11. Como consegui ter a sorte de me casar com um homem como você?
12. Você é ótimo.
13. Você deixa todos os dias mais divertidos.
14. Tenha um ótimo dia.
15. Você é sexy!
16. Sinto-me tão segura com você.
17. Inteligente e bonito — consegui o pacote completo com você.

18. Nossos filhos são tão abençoados por ter um pai como você.
19. Aquele sorriso que trago no rosto — é tudo por causa de você.
20. Deus me abençoou imensamente ao me deixar ser sua esposa.

"O elogio específico é muito melhor que o elogio genérico."

— Gary Smalley

*Sejamos mais específicas*

Forneci essa lista no caso de esse exercício todo ser um desafio para você. Caso você se sinta desconfortável em deixar um bilhete para seu marido, se tiver aquele branco que costuma atacar os escritores apesar de a folha em branco ser apenas um pedacinho de papel, comece usando uma das frases acima.

No entanto, caso se sinta confortável em escrever um bilhete para seu marido e conseguir ser um pouco mais pessoal, encorajo-a muitíssimo a fazer isso.

Mantenho um estoque de cartões debaixo da minha cama. Se quero que meu marido saiba algo específico que me encoraja e acho que um *post-it* não é suficiente para escrever tudo, pego um desses cartões para ter espaço para dizer a ele quanto o amo.

Quando deixo bilhetes para meu marido, tento ser tão específica quanto possível sobre como ele me abençoa. De vez em quando, deixo um bilhetinho para ele dizendo coisas como:

> "Como tenho sorte em ter um marido que arruma a cama todos os dias. Obrigada por cuidar de mim." (Dica: os homens amam saber que você se sente "cuidada". Isso faz com que eles sintam que estão fazendo seu trabalho.)

Ou

"Amei adormecer no seu ombro na noite passada. Você tem uma forma especial de fazer me sentir segura e aquecida."

Pense nas maneiras como seu marido a ama e, depois, escreva isso no papel. Quando escreve essas coisas, essa é uma dupla bênção porque elas, enquanto as escreve, a fazem se lembrar do quanto é amada e encoraja seu marido de uma forma que apenas você consegue fazer.

## Oração para hoje

Deus, onde quer que ele esteja, lembre-o que ele é amado e que penso nele.

## Seja criativa

Pense no dia do seu marido e em todos os lugares nos quais ele pode encontrar o bilhete.

- No câmbio do carro
- Na toalha dele no banheiro
- Sob a chave do carro
- Na caixa de correio
- No sapato dele
- No armário de remédios

Também é importante que ele ache o bilhete quando não tiver ninguém por perto. Certa vez, decorei a sacola do almoço do meu marido com corações e bilhetinhos dizendo o quanto o amava. Ele aproveitou a oportunidade para me dizer que seria melhor se eu mantivesse essas coisas privadas.

Você conhece seu marido e sabe como ele reage a toda e qualquer DPA (demonstração pública de afeto). Certifique-se que tudo que faz para ele sirva para aumentar a chama do amor — e jamais seja um motivo de embaraço.

## Relatórios do projeto

> "Planejei pôr um bilhete na mala dele de viagem para Los Angeles, mas não tive tempo de juntar tudo. (Estamos tão sobrecarregados de responsabilidades com nossos três filhos adolescentes e um pré-adolescente que parece que não conseguimos fazer todas as tarefas diárias.) Por isso, em vez disso, decorei seu escritório em casa com bilhetes românticos. Esse projeto também me fez pensar nas muitas coisas românticas e incríveis que ele fazia para mim enquanto namorávamos e éramos recém-casados. Sei que isso também vai ativar as lembranças dele." — Elaine

**Seu plano para o projeto** (*copie seu plano na seção* Planejamento do projeto *no final do livro*)

**Seus resultados** (*a reação dele, a minha reação, etc.*)

Projeto 21

# Perseguições de carro e lutas de caratê

## O filme de hoje é para agradar o marido

Kathleen Kelly (Meg Ryan): *Qual é essa coisa que os homens têm com o filme O Poderoso Chefão?*
Joe Fox (Tom Hanks): *O Poderoso Chefão é a soma de toda a sabedoria. O Poderoso Chefão é a resposta para qualquer pergunta. O que eu devo levar nas minhas férias de verão? "Deixe a arma e pegue os cannoli."*

MENSAGEM PARA VOCÊ (FILME)

### Seu projeto

Deixe-o ganhar a guerra de mídia enquanto você sugere um suspense de ação embalado a perseguições de carro e coisas explodindo.

UMA DAS CONVERSAS DE CASAL que mais põe o casamento à prova pode acontecer na hora de escolher um filme. Você quer romance e filme legendado, ele quer armas e grunhidos. Em nenhuma área do casamento é mais difícil "morrer para si mesmo" que quando se trata de escolher o que assistir na noite de sexta-feira.

A boa notícia? Escolher assistir um filme de "ação" com seu marido rende duplo benefício — você não só está amando seu marido de um modo tangível, mas, ao mesmo tempo, está pesquisando.

> Caso você duvidasse que o desejo mais profundo do seu marido era ser seu herói, apenas examine o tipo de filme a que ele assiste.

Quanto mais filmes do estilo Rambo você assiste, mais espreita a vida interior de seu marido.

Caso você duvidasse que o desejo mais profundo do seu marido era ser seu herói, apenas examine o tipo de filme a que ele assiste. A maioria dos filmes de que os homens gostam dizem respeito a ser um homem que se destaca por fazer a coisa certa independentemente das circunstâncias. (Pense em Bruce Willis em *Duro de matar* e em Mel Gibson em *O patriota*.)

Portanto, no interesse do serviço público para as esposas da comunidade, compilei uma lista dos melhores filmes para os rapazes, conforme votação dos meus amigos homens. Talvez você não goste, ou até não aprove, todos os títulos da lista, mas pelo menos tem um conhecimento prático da cultura cinematográfica dos homens, mais um guia de onde ir da próxima vez que ele deixar a seu cargo encontrar o filme.

Agradeço a meus amigos homens por sua percepção e seus comentários. Eles realizaram um grande serviço para as mulheres de todos os lugares.

*Filmes para homens*

- Qualquer filme com Al Pacino
- Qualquer filme com Marlon Brando (antes de *Don Juan DeMarco*)
- Qualquer filme com Bruce Willis

Esportes

- *Campo dos sonhos* ("Filme de beisebol. Preciso dizer mais?" — Steve)
- *Somos Marshall* ("Inspirador, uma verdadeira história de esportes." — Scott)

Ação

- *De volta para o futuro* – trilogia ("Sempre me interessei por viagem no tempo. A única coisa que deixaria o filme melhor seria uma aparição relâmpago de Molly Ringwald." — Steve)
- *Missão impossível 1, 2, 3*
- *A supremacia Bourne* e todas as sequências
- *A rede*

Luta e guerra

- *Gladiador* ("Um filme totalmente para homens, muita ação. No entanto, tem uma boa trama e amo a trilha sonora. Esse é um dos poucos filmes em que não me importaria de ser o camarada que usa saia." — Karl)
- *O resgate do soldado Ryan* ("Um filme revolucionário, pró-militar sem ser pró-guerra." — Steve)
- *Um sonho de liberdade* ("Morgan Freeman, o bem vence o mal. O que mais podia pedir? — Charles)

(Observação da Kathi: embora esses filmes sejam os que tenho mais dificuldade de assistir, eles me dão ampla oportunidade de afundar o rosto no ombro do meu marido.)

Humor

- *Jovem Frankenstein* ("Seriamente um filme divertido. As citações são memoráveis e me fazem rir alto sempre que penso no filme." — Karl)

- *Onze homens e um segredo*

Romance

Essa é uma brincadeira. Se acha que essa categoria entra em filmes para homens, você ainda pensa como garota.

*Filmes que homens e mulheres gostam*

Essa é uma lista mágica. Todo produtor de Hollywood está procurando essa interseção mística de entreter os homens e deleitar as mulheres. Eis um grupo de filmes que, a partir da minha pesquisa, é uma aposta bem segura para vocês dois:

- *A princesa prometida* (Não deixe o título a enganar. Até mesmo os adolescentes da sua casa vão amar esse filme.)
- *Essa pequena é uma parada*
- *Indiana Jones* (1, 3 e 4, mas nem se incomode com o número 2)
- *Amigos, sempre amigos*
- *Campo dos sonhos*
- *Shrek*

*Românticos*

Para ser assistidos apenas com as amigas e grande suprimento de lenços e chocolates.

- *Tarde demais para esquecer*
- *Bonequinha de luxo*
- *Flores de aço*
- *Tomates verdes fritos*
- *Digam o que quiserem* (John Cusack declarando seu amor eterno com um aparelho de som portátil? Essa é

a fantasia de muitas moças e o modelo impossível a ser seguido por todos os homens.)
- Qualquer filme com Meg Ryan
- Qualquer filme baseado em um livro de Jane Austen

## Oração para hoje

Querido Deus, ajude-me a gostar das coisas que meu marido gosta. Faça-o ver que tento me conectar com ele de várias maneiras, tanto nas coisas grandes quanto nas pequenas.

## Seja criativa

- Não importa se isso acontece em casa ou na locadora de vídeo mais próxima. Apenas encontrem o filme e sigam em frente.
- Não quer levantar as suspeitas do seu marido? Pegue talvez dois filmes — um que vocês dois concordam em ver e outro só para ele.

## Relatórios do projeto

> "Tanto meu marido quanto eu, na maior parte das vezes, vemos filmes para todas as idades toda noite de sexta-feira, uma vez que compartilhamos a Noite do Filme em Família com nossos meninos pequenos. E como meu marido viaja frequentemente a trabalho ele tem muitas oportunidades de assistir filmes que homens gostam. Está percebendo onde isso vai dar? Sou eu que raramente tenho oportunidade de assistir 'meus' filmes... mas vou me esforçar para assistir filmes de esporte com meu marido. Só acho que não consigo assistir a outro filme do Bruce Willis ou Steven Seagal. Tenho de orar muito a respeito disso." — Teresa

"Meu marido está em lutas marciais, então disse a ele: 'Ei, vamos assistir um dos seus filmes de luta' (não sei como chamá-los). Então, ele disse: 'Está bem'. Achei que ia realmente odiar o filme, mas descobri que foi divertido me aninhar na cama enquanto ele me explicava o filme. Nós dois amamos o programa. Senti como se estivesse em um encontro!" — Strawberry

"Esse projeto teve um resultado incrível. Em casa, com três adolescentes e um pré-adolescente, em geral, lavo louça, dobro a roupa lavada ou faço bolinhos enquanto meu marido relaxa assistindo televisão, mas sempre digo: 'Tenho muita coisa para fazer'. Assim, quando acaba o filme, ele está relaxado e pronto para o romance, e eu estou exausta e pronta para dormir.

Bem, tentei a ideia da 'noite de filme'. Deixei que ele escolhesse um filme e deixei de lado a louça e a roupa lavada e me sentei ao lado dele. Adivinhe o que aconteceu? Quando o filme terminou, eu estava preparada para o romance! Tivemos a noite mais romântica de muito tempo. Essa pequena atividade me mostrou que não posso esperar me sentir romântica se não tiro algum tempo para relaxar. Já aluguei um filme para hoje à noite." — Elaine

**Seu plano para o projeto** (*copie seu plano na seção* Planejamento do projeto *no final do livro*)

**Seus resultados** (*a reação dele, a minha reação etc.*)

Projeto bônus 3

# Sexo

## Acho que agora estamos sozinhos

*"Não me incomodo com o que as pessoas fazem contanto que não façam na rua e assustem os cavalos."*

JENNIE JEROME CHURCHILL (MÃE DE WINSTON CHURCHILL)

### Seu projeto bônus

Imagine uma hora nessa semana para iniciar o sexo com seu marido quando vocês dois estiverem sozinhos em casa.

TEMPO PARA ARRUMAR A CASA. Se tiver filhos, mande-os para a casa da avó para passar a noite ou faça uma troca com outra mãe exausta para que ela cuide das crianças por uma noite. Seus filhos conseguem dormir fora de casa — e você também consegue uma noite totalmente diferente.

Amaria dizer que as coisas ficam mais fáceis conforme os filhos crescem, mas com três adolescentes em nossa casa, parece que ficamos "livres dos filhos" cerca de tantas vezes quanto nossos filhos decidem que é um ótimo dia para arrumar o quarto. Enquanto eles estão todos ocupados com sua própria vida, é um raro momento quando um deles não está dormindo, comendo, lendo, estudando ou assistindo a televisão em algum lugar da casa.

O que não contribui para o romance.

O romance é muito mais divertido quando se remove a possibilidade real de ser interrompido.

Usamos todos os métodos de isolamento que conseguimos imaginar. Pomos a televisão no volume máximo e nos pomos no volume mínimo. Andamos na ponta dos pés e fazemos *psiu* e fazemos o que temos de fazer — sabendo o tempo todo que, a qualquer momento, alguém podia bater à porta e perguntar: "Posso dar uma ida ao shopping?"

O romance é muito mais divertido quando se remove a possibilidade real de ser interrompido. Um *rendez-vous* em um hotel local resolve de forma maravilhosa essa necessidade.

Cancele os compromissos com suas amigas e marque um com seu marido. Diga a ele no começo do dia o que está planejando para a noite. Esse pode ser o melhor dia de trabalho de seu marido em muito tempo.

Deixem o celular no modo silencioso e desliguem os computadores. Seja como for, transforme o romance em prioridade.

## Oração para hoje

Querido Deus, ajude-me a tornar a relação sexual com meu marido uma prioridade não só no meu coração e mente, mas também na minha agenda.

## Seja criativa

- Se for muito difícil ter relação sexual à noite, que tal vocês dois irem para casa na hora do almoço? Mande-o de volta para o trabalho com um sorriso no rosto.

- Seu marido trabalha longe demais de casa para fazer a viagem de ida e volta? Que tal ser extremamente extravagante e fazer o sonho dele se tornar realidade. Planeje encontrá-lo para almoçar perto do escritório dele e telefone, no último minuto, mudando o local de encontro. Encontre um hotel perto do trabalho dele onde possam estar de fato sozinhos.
- Talvez tudo de que precisem seja uma manhã sem compromisso. Ainda que seja dormir em casa no sábado ou uma manhã na qual vocês dois não têm de ir a nenhum lugar, falte à ginástica e exercite-se em casa.

## Relatórios do projeto

"Uma babá que cuida das crianças durante a noite vale seu peso em ouro! Contratamos uma babá para a noite toda provavelmente duas vezes por ano (as crianças passam a noite na casa dela, não na nossa), de modo que temos toda liberdade em casa. Não só nos livramos de administrar as tarefas domésticas, mas dormir é ótimo bônus depois de uma noitada de atividade." — Marie

"Uma ou duas vezes por mês, meu marido e eu vamos mais tarde para o trabalho de modo a termos a casa só para nós por algumas horas. Já disse o suficiente." — Katie

"*Então* tomei a iniciativa na relação sexual na semana passada, e meu marido gostou. Como, na maioria das noites, ele trabalha na reforma de nossa casa, ele toma banho de chuveiro antes de ir para a cama e, dessa vez, ele não tomou banho sozinho. O engraçado foi ele achar que essa era a surpresa. Tive de mandá-lo de volta para o quarto e tirar seu pijama." — Stacie

**Seu plano para o projeto** (*copie seu plano na seção* Planejamento do projeto *no final do livro*)

**Seus resultados** *(a reação dele, a minha reação etc.)*

# Encerramento

PARABÉNS! VOCÊ ESTEVE onde nenhuma mulher esteve antes — 21 dias para amar seu marido intencionalmente. Tenho certeza que a essa altura você já sentiu muitos dos benefícios que as outras esposas sentiram ao trabalhar nesses projetos:

- Uma nova maneira de pensar todos os dias sobre quão é abençoada por seu marido.
- A percepção de que às vezes é necessário apenas um momento para abençoar seu marido em um dia atarefado.
- A percepção de como você já abençoou seu marido.
- Um lembrete de alguns dos motivos que a fizeram se apaixonar por seu marido.
- Um guarda-roupa muito melhor de roupa íntima.

Não quero que esse seja o fim para você. Minha oração é que o ato de abençoar seu marido tenha se transformado em um hábito e que você tem a intenção de continuar a praticar esses pequenos mimos. Mas, como acontece nossa intenção de comer mais vegetais e nos exercitarmos todos os dias, é muito mais fácil voltar à antiga rotina.

Eis algumas ideias para mantê-la focada em seu marido muito depois de terminar o projeto *21 dias para ter um casamento maravilhoso*:

- Mantenha a prestação de contas. Peça para suas parceiras de prestação de contas continuarem a checar suas atitudes uma vez por semana a fim de garantir que você abençoe seu marido.
- Ponha lembretes em sua agenda. Chocolates na cama às quintas-feiras? Roupas íntimas sensuais todos os sábados? Espalhe alguns lembretes ao longo do mês para que seu marido seja constantemente lembrado do quanto ele está em sua mente.
- Institua um Dia Tudo para Ele uma vez por semana. As quartas-feiras tudo gira em torno de Roger. Tento garantir que estou fazendo algo para o jantar que sei que meu marido ama (isso em geral envolve um pedaço grande de carne que parece saído direto dos *Flintstones*). Também me certifico de telefonar para ele às quartas-feiras para lhe dizer que estou pensando nele.
- Comprometa-se a realizar o projeto uma vez por ano. Faça o dinheiro gasto com este livro valer a pena. Use-o uma vez após a outra para voltar a focar uma vez por ano nas necessidades do seu marido.

# Ferramentas para o projeto *21 dias para ter um casamento maravilhoso*

# Planejamento do projeto

Considere este o lugar onde pôr as observações de seu projeto. As administradoras do projeto me disseram uma infinidade de vezes que foi ótimo ter todo seu plano esboçado em apenas duas folhas de papel de modo que podiam fazer cópias dele e recorrer a ele com frequência.

- Escreva uma ou duas sentenças sobre qual é seu plano para cada dia.
- Faça cópias desse plano para compartilhar com suas parceiras de prestação de contas e para ajudá-la a se manter na trilha.
- Faça algumas cópias a mais para você mesma. Deixe uma no escritório, uma na bolsa e uma em sua Bíblia. Assim, não importa onde esteja, sabe qual é seu projeto para o dia e pode planejar o que está por vir.
- Conforme completa os projetos, certifique-se de marcar a tarefa cumprida em seu planejamento. Nada é mais satisfatório em um dia atarefado que uma marca de "missão cumprida".

**Semana 1**

*Domingo:* Projeto 1 [ ] Marque quando completar seu plano para o projeto

*Segunda-feira:* Projeto 2 [ ] Marque quando completar seu plano para o projeto

*Terça-feira:* Projeto 3 [ ] Marque quando completar seu plano para o projeto

*Quarta-feira:* Projeto 4 [ ] Marque quando completar seu plano para o projeto

*Quinta-feira:* Projeto 5 [ ] Marque quando completar seu plano para o projeto

*Sexta-feira:* Projeto 6 [ ] Marque quando completar seu plano para o projeto

*Sábado:* Projeto 7 [ ] Marque quando completar seu plano para o projeto

## Semana 2

*Domingo:* Projeto 8 [ ] Marque quando completar seu plano para o projeto

*Segunda-feira:* Projeto 9 [ ] Marque quando completar seu plano para o projeto

*Terça-feira:* Projeto 10 [ ] Marque quando completar seu plano para o projeto

*Quarta-feira:* Projeto 11 [ ] Marque quando completar seu plano para o projeto

*Quinta-feira:* Projeto 12 [ ] Marque quando completar seu plano para o projeto

*Sexta-feira:* Projeto 13 [ ] Marque quando completar seu plano para o projeto

*Sábado:* Projeto 14 [ ] Marque quando completar seu plano para o projeto

**Semana 3**

*Domingo:* Projeto 15 [ ] Marque quando completar seu plano para o projeto

*Segunda-feira:* Projeto 16 [ ] Marque quando completar seu plano para o projeto

*Terça-feira:* Projeto 17 [ ] Marque quando completar seu plano para o projeto

*Quarta-feira:* Projeto 18 [ ] Marque quando completar seu plano para o projeto

*Quinta-feira:* Projeto 19 [ ] Marque quando completar seu plano para o projeto

*Sexta-feira:* Projeto 20 [ ] Marque quando completar seu plano para o projeto

*Sábado:* Projeto 21 [ ] Marque quando completar seu plano para o projeto

# Guia real para a compra de roupas íntimas

*Jill Swanson, autora de* Simply Beautiful: Inside and Out
*[Simplesmente bela: por dentro e por fora]*

WWW.JILLSWANSON.COM

APESAR DE AS ROUPAS ÍNTIMAS serem com frequência consideradas um assunto de preferência pessoal, existem algumas maneiras de acentuar os pontos positivos e, no mínimo, de *minimizar* os pontos negativos — levando-a de estagnada a impressionante no quarto.

Primeiro, foque no que acredita ser a melhor característica do seu corpo. É o formato das suas pernas? A curva dos ombros? Os seios simétricos? A pele macia? Pés femininos? Ancas sensuais? A magnífica cor dos cabelos? Traços faciais esculpidos? Umbigo bonito? Proporções voluptuosas? Ou talvez seja a peça de arte assimétrica única que você é? Todas nós temos algo (ou diversas coisas) que se destacam como nosso melhor traço.

Segundo, aprenda a amar esse traço. Quando se trata de roupa íntima no quarto, é legal explorar o assunto. Eis algumas dicas para acentuar o que você tem:

1. *Linha e desenho:* Camisolas com alças largas que se estendem até a borda externa dos ombros ou cujas alças oscilam no perímetro dos ombros formando um efeito de decote em V, esse estilo de camisola pode fazer as áre-

as mais baixas parecerem menores conforme os olhos se movem em direção à cintura e aos quadris.

2. *Sem cintura, cinturinha de pilão*: Se você tem uma cintura um pouco mais cheia use algo divertido e bonito, do tipo uma parte de cima de "baby doll" mais curta que flutua sobre essa região, mas deixa os olhos irem para os quadris curvilíneos e as pernas maravilhosas. Uma cintura definida deve ser mostrada com peças que apertam dos lados e enfatizam sua simetria.
3. *Equilibrando o bumbum:* Certifique-se de que o bumbum arredondado seja realçado por estilos que abraçam suavemente a região, em vez de camuflá-la. Um bumbum reto pode ser equilibrado com uma divertida microssaia de babados ou uma calcinha de babados
4. *Botões de rosas e flores:* Os seios pequenos são intensificados com acolchoado sob o busto e uma renda sobreposta — essa é uma ótima maneira de transformar montículos em montanhas. Os seios grandes talvez precisem ser um pouquinho presos com algo que os levante e os aproxime. Procure um sutiã que tenha suporte dos lados e embaixo. Lembre-se — "aprume os seios" para conseguir um efeito dramático.
5. *A longa e a curta*: Se você é alta, alegre-se com isso e disfarce sua aparência com joias horizontais. Enfeite a cintura com um cinto de argola; os tornozelos, com tornozeleiras e acrescente colares e braceletes na parte de cima do braço (seja uma Cleópatra do século XXI). Se você não for tão alta ou tiver pernas curtas, apele para o visual longo e delgado com uma camisola comprida com uma fenda alta que desliza pelo corpo e finalize o visual com um chinelo com salto agulha.

6. *Feminina e mística:* Sempre deixe alguma coisa para a imaginação! Se seu marido todo o tesouro, cadê o incentivo para ele continuar na caçada? A colocação estratégica de rendas, laços ou sobreposições de *chiffon* são ótimas maneiras de alimentar a curiosidade dele.
7. *Deixe a coisa divertida:* Deixe um pouquinho para ele tirar, independentemente de ser corpete bordado, uma cinta-liga ou o cabelo longo preso no topo da cabeça.
8. *Seja criativa:* Às vezes, a roupa íntima mais sensual que pode usar é uma blusa ou vestido de todo dia usado sem nada por baixo ou um modelador de corpo que a modela de dia e lhe dá atitude à noite.
9. *Surpreenda-o:* Se você é assertiva e usa muita roupa de cor escura, use uma discreta camisola rosa. Se você é calma e conservadora, tente uma cor ousada, como o vermelho, ou uma estampa de animal e deixe seu lado selvagem vir à tona. Brinque com a roupa. Esse é o lugar no qual você pode deixar sua imaginação correr solta.

Temos, como mulheres, de aprender a amar nosso corpo como ele é — não importa qual a condição dele. Celulite, cicatriz, pneuzinho ou perda de tônus muscular, lembre-se, o homem não vê aquilo em que focamos quando diz respeito a nosso corpo e roupa íntima.

Tenho um abdômen que parece o mapa da estrada para a cidade de Nova York. Nove cirurgias deixaram seu preço, mas aprendi, na maior parte do tempo, a aceitar isso e a camuflar de forma criativa quando as cicatrizes me incomodam.

Acima de tudo, escolhi os estilos e as cores que fazem me sentir glamorosa, romântica e confiante.

# Guia feminino de refeições para maridos

Eis algumas das nossas receitas favoritas que, com certeza, agradam os homens.

## A verdadeira, a original, a autêntica... receita de biscoito com pedaços de chocolate

2 ¼ xícaras de farinha de trigo comum
1 colher de chá de fermento ou bicarbonato de sódio
1 colher de chá de sal
1 xícara de manteiga em temperatura ambiente (2 barras, 226 gramas)
¾ de xícara de açúcar mascavo
¾ de xícara de açúcar cristal
1 colher de chá de extrato de baunilha
2 ovos
2 xícaras de pedaços de chocolate meio amargo (pacote de 340 gramas)
1 xícara de nozes picadas

Misture a farinha de trigo, com o fermento e o sal em uma vasilha pequena. Bata a manteiga, o açúcar cristal, o açúcar mascavo e o extrato de baunilha na batedeira. Adicione os ovos um a um, batendo bem depois de acrescentar cada

um; adicione aos poucos a mistura de farinha. Misture os pedaços de chocolate e as nozes picadas. Ponha colheradas da massa na assadeira forrada com papel manteiga.
Asse no forno pré-aquecido a 190º de 9 a 11 minutos ou até ficarem marrom dourado. Deixe descansar por 2 minutos, tire da assadeira para esfriar completamente.

**Variação do biscoito**: Prepare a massa conforme informado acima. Espalhe a massa em uma assadeira untada. Asse no forno pré-aquecido a 190º durante 20 a 25 minutos ou até estar marrom dourado. Deixe esfriar na assadeira.

**Para assar em alta temperatura** (mais de 5.200 pés): Aumente a quantidade de farinha de trigo para 2 ½ xícaras, adicione 2 colheres de chá cheias de água à farinha, diminua o açúcar cristal e o açúcar mascavo para 2/3 de xícara cada uma. Asse em forno a 190º, se forem biscoitos individuais, deixe por 8 a 10 minutos; e se for a assadeira inteira de biscoitos por 17 a 19 minutos.

*Agradeço à administradora de projeto Karmyn por essa deliciosa receita:*

## Peito de frango luxuosos

Nada pomposo, apenas peito de frango macio polvilhado com um delicioso molho de queijo, bom o suficiente para ser acrescentado a sua lista de receitas semanais especiais.
Tempo de preparo: 30 minutos
Tempo de cozimento: 15 minutos
Serve 4 pessoas

*Ingredientes principais*
½ xícara de farinha de trigo comum
¼ de xícara de pão seco esmigalhado
2 ovos brancos levemente batidos
2 colheres de sopa de água
4 peitos de frango sem pele e sem osso (com aproximadamente 100 gramas cada)
2 colheres de sopa de óleo vegetal

*Para o molho*
2 colheres de sopa de manteiga
1 colher de sopa de farinha de trigo comum
1 xícara de leite desnatado
½ xícara de queijo cheddar em pedaços

Pré-aqueça o forno a 180º. Misture a farinha com o miolo de pão esmagado em um prato raso. Em uma travessa rasa bata os ovos junto com a água. Mergulhe o peito de frango na mistura de ovo com água e, depois, passe na mistura de farinha com pão, cobrindo de todos os lados. Aqueça o óleo em fogo médio para alto em uma frigideira grande. Acrescente o frango na frigideira; cozinhe virando uma vez até ficar dourado (cerca de 5 minutos de cada lado). Ponha o frango frito em uma travessa refratária levemente untada. Asse a 180º até ficar cozido, cerda de 15 minutos.

*Preparo do molho:* derreta a manteiga em fogo médio em uma panela pequena. Acrescente a farinha de trigo enquanto mexe até ficar bem homogêneo. Acrescente o leite aos poucos, mexendo sem parar até engrossar (cerca de 8 a 10 minutos). Tire do fogo, acrescente o queijo cheddar enquanto mexe. (O calor do molho vai derreter o queijo.)

Coloque os peitos de frango na travessa de servir. Ponha o molho sobre o frango e sirva imediatamente. Hummmm!

## Cheddar derretido com salsicha defumada

2 colheres de sopa de manteiga sem sal
½ xícara de cebola roxa picada bem fininho (a cebola roxa é mais suave que a branca)
½ xícara de salsicha defumada cortada em fatias de 1 centímetro
2 colheres de sopa de mostarda *dijon* granulada
200 gramas de *cream cheese*
4 xícaras de queijo cheddar branco ralado fino
6 gotas de molho picante de pimenta

Unte levemente uma assadeira com spray de óleo de cozinha. Derreta a manteiga em uma panela de tamanho médio em fogo médio. Acrescente a cebola e refogue por 2 minutos ou até a cebola começar a amaciar. Acrescente a salsicha e cozinhe até ficar cozida, cerca de 8 a 10 minutos. Escorra e jogue fora toda a gordura. Acrescente a mostarda e o *cream cheese*, depois, mexa até derreter. Tire a panela do fogo e acrescente o queijo cheddar, um punhado de cada vez, enquanto mexe, até misturar todo ele.

Junte o molho picante de pimenta, a seguir, transfira para a travessa refratária. Deixe esfriar, a seguir, cubra e congele por 3 dias. Quando estiver pronto para servir, pré-aqueça o forno a 180º. Enquanto o forno esquenta, deixe o prato na temperatura ambiente por cerca de 30 minutos. Asse o cheddar derretido com salsicha defumada por 20 a 25 minutos ou até começar a borbulhar. Sirva quente. Serve de 6 a 8 pessoas.

## Caçarola de café da manhã da fazenda

2 ½ xícaras de batata inglesa cortada em pedaços congelada.
¾ de xícara de queijo prato em pedaços com pimenta-jalapenho (opcional)
1 xícara de presunto cozido picadinho ou bacon (opcional)
¼ de xícara de cebolinha picada
4 ovos batidos
1 ½ xícara de leite desnatado
¼ colher de chá de pimenta
1/8 de colher de chá de sal
200 gramas de cogumelo ou aspargos lavado e cortado em pedaços pequenos
4 ou 5 tomates cortados grosseiramente

Unte um refratário com óleo em spray. Arrume as batatas uniformemente no fundo da travessa. Salpique queijo, presunto e cebolinha sobre tudo. Em uma travessa misture os ovos com o leite evaporado, a pimenta, o sal e o alho poró. Derrame essa mistura sobre os ingredientes arrumados no refratário. Salpique o queijo e um pouquinho de tempero pronto (opcional). Cubra com papel alumínio ou filme plástico e deixe no congelador durante a noite. Na manhã seguinte, retire a cobertura e asse em forno a 180º durante 30 minutos. Tire do forno, acrescente os aspargos ou cogumelos e os tomates. Asse por mais 30 minutos até ficar dourado. Deixe descansar 5 minutos antes de servir.

## Cozido em fogo baixo

700 gramas de carne
1 cebola grande picada

3 cenouras picadas
2 talos de salsão picados
2 batatas médias descascadas e cortadas em cubos
800 gramas de tomates inteiros (não drenados)
1 colher de sopa de molho inglês
2 colheres de sopa de salsinha seca
1 colher de chá de sal
½ colher de chá de pimenta
3 dentes de alho cortado fininho (opcional)
2 colheres de sopa de tapioca em flocos

Doure a carne em uma panela no fogão, temperando com sal, pimenta e alho (opcional) a gosto. Ponha em fogo baixo. Acrescente os ingredientes restantes, mexendo para misturar. Cubra a panela e deixe cozinhar em fogo baixo por 8 horas até a carne ficar macia.

## Bolo de carne com aveia

700 gramas de carne moída
¾ de xícara de aveia em flocos sem cozinhar
¼ de xícara de cebola picada
1 ½ colher de chá de sal
¼ de colher de chá de pimenta
1 xícara de molho de tomate
1 ovo batido

Misture todos os ingredientes e distribua firmemente em uma assadeira sem untar. Asse em forno pré-aquecido a 180º por 1 hora e 15 minutos. Deixe descansar 5 minutos antes de fatiar.
Serve 4 pessoas.

**Querida leitora,**

Obrigada por fazer parte deste projeto. Minha oração é para que Deus, por meio deste livro e do seu esforço, abençoe seu casamento de maneiras que você nunca esperou.

Na graça do Senhor,

*Kathi Lipp*

# Agradecimentos

*A meu filho, Justen Hunter, e à minha filha, Kimber Hunter*, por me permitirem praticar a maternidade com vocês e por compartilharem meu amor pela escrita, tanto que vocês me concederam enorme graça enquanto escrevia este livro. Ambos não são apenas escritores talentosos: vocês também estão se tornando grandes seres humanos.

*A meus enteados, Amanda e Jeremy*, por compartilharem seu maravilhoso pai e a linda vida de vocês comigo. É uma honra ser a madrasta de vocês.

*A meus pais, Bill e Connie Richerson*, pelo apoio inabalável a todos os empreendimentos malucos que quis fazer e pelo amor que demonstraram no desejo de que me tornasse uma mulher bem-sucedida.

*Aos pais de Roger, pastor Dean e Betty Dobson, e à Dewayne e Mary Jane Lipp*, que educaram esse homem incrível e demonstraram a ele em primeira mão o que é o amor.

*À Angela Bowen*, minha amiga e companheira de oração, parceira de prestação de contas e alguém que acredita em todas as coisas boas. Você tem de saber que nada disso teria acontecido sem você.

*À Kim e Doug Gonsalves e à Chris e Vikki Francis*, oro para que a generosidade que vocês demonstraram por mim seja derramada em outras vidas. Vocês quatro são milagres ambulantes e exemplos tangíveis do amor de Cristo.

*Ao pastor Steve e Shannon Jordahl e ao pastor Jim e Kim Meyer.* Vocês deixam um legado espiritual que não poderão dimensionar plenamente até que o próprio Jesus lhes testemunhe a respeito. Obrigada por me deixarem fazer parte disso.

*À surpreendente força da natureza que é minha agente, Rachelle Gardner, e a Rod Morris da Harvest House.* Obrigada por terem tempo para ouvir a minha pequena ideia louca a respeito de um livro sobre maridos e por ter a paixão por querer ajudar e curar casamentos. É uma honra trabalhar com vocês dois.

*Ao meu grupo de crítica, Cathy Armstrong, Judy Squire, Pat Sikora, Kathie Williams e, principalmente, à Katie Vorreister.* Vocês me ajudaram a encontrar meu tom e, ao mesmo tempo, me fizeram pensar que seria capaz de um dia usar todo esse material para escrever um livro.

*Aos outros escritores e escritoras, todos maravilhosos,* que me amaram e apoiaram ao longo dessa jornada, incluindo Lynn Walker, Susy Flory e Cheri Gregory.

*A minhas parceiras de oração, ao comitê consultivo*, incluindo Carol Alexander, Terri Gohner, Marci Maples, Sherry Eager, Sheri Wideman, Penny Sands, Lynette Furstenberg, Kelli Simmerok, Pam Kelley, Cindy Anderson, Mary Dickerson, Dana Galasso, Patti Johnston, Michelle Smith. Cada uma de vocês é preciosa para mim.

*A nossos irmãos e suas companheiras:* Brian, Lucinda, Randy, Debbie, Rick e Linda. Somos abençoados por sermos cercados por esse amor.

*Ao pastor Scott Simmerok e às pessoas da Church on the Hill em San Jose, Califórnia.* Obrigada por vocês serem as mãos e os pés de nosso Salvador para nossa família.

*Por fim, à Teresa Drake.* O tempo de Deus é uma loucura, e fico surpreendida com o talento, o encorajamento e o incrível dom que ele me emprestou por seu intermédio exatamente no momento certo. Deus tem coisas maravilhosas guardadas para você. Fico feliz em estar presente para ver as sementes brotarem.

Este livro foi impresso no Rio de Janeiro, em 2015,
pela Edigráfica, para a Editora Nova Fronteira.
A fonte usada no miolo é Adobe Garamond Pro, corpo
12/15. O papel do miolo é offset 75g/m$^2$, e o da capa é
cartão 250g/m$^2$.